# Das sociale Deficit von Berlin

## in seinem Hauptbestandtheil.

---

Von

*Dr. S. E. Huppé,*

Mitglied des Königlichen statistischen Seminars.

---

Separat-Abdruck aus „Berlin und seine Entwickelung. Städtisches Jahrbuch für Volkswirthschaft und Statistik. Herausgegeben vom statistischen Bureau der Stadt Berlin. IV. Jahrg."

Berlin.
Verlag von J. Guttentag.
1870.

# Inhalt.

Ein englisch sprechender Chinese in der Begleitung des verstorbenen Gesandten des himmlischen Reichs, des Mr. Burlingame, that auf Grund seiner Reisebeobachtungen folgende Aeußerung: „Die vier großen Kennzeichen der „Civilisation“ sind in allen europäischen Hauptstädten stark vertreten, nämlich: Eisenbahnverkehr, Telegraphie, Tagespresse und — Prostitution. In Berlin aber zeigt sich die Prostitution öffentlicher, als anderswo.“

Daß dieser Aeußerung trotz offenbarer Uebertreibung ein gewisses Körnchen Wahrheit nicht fehlt, weiß jeder Berliner.

Die verschiedensten Kreise der Gesellschaft haben denn auch nicht unterlassen können, sich mit der Berliner Prostitutionsfrage zu beschäftigen. Im norddeutschen Reichstag und im preußischen Landtag ist die Sache verhandelt worden, der Centralausschuß für die innere Mission, ebenso wie die Berliner Diöcesansynode wenden der Angelegenheit ein stetiges Augenmerk zu; die Polizeiverwaltungen unterlassen ebensowenig, als Vereine und freiwillig zusammentretende Versammlungen den betreffenden Zuständen rege Aufmerksamkeit zu bewahren. Vor allem beweisen auch die Communalbehörden eine beständige Theilnahme für die so bedrohlichen Mißverhältnisse; im Schooße der Stadtverordneten haben bei einer bezüglichen Debatte die schreienden Uebelstände dieses Genres durch Herrn Dr. Straßmann ihren bezeichnenden Namen erhalten: Die Prostitution in Berlin ist der Hauptbestandtheil des socialen Deficits der an Volkszahl wie an Wohlstand von Jahr zu Jahr so gewaltig zunehmenden Hauptstadt von Deutschland.

Es scheint gerade jetzt geboten, in einem statistischen Rückblick auf die letzten Jahrzehnte diese Verhältnisse genauer zu untersuchen, eben für die Zeitperiode, in welcher die Cultur des Bas-empire an der Seine ganz Europa und nicht am wenigsten Berlin unter ihren demoralisirenden Einflüssen hielt.

Die unzähligen auf Prostitution hinwirkenden Reizmittel, welche während des zweiten Kaiserreichs in Paris erfunden und erdacht wurden, um ihre Runde durch die Welt zu machen, haben auch in Berlin ihre schädlichen Wirkungen geäußert, obwohl dieselben hier nach allgemeinem Urtheil seit lange niemals so schlimm waren, wie in andern europäischen Hauptstädten.

Die Summe der syphilitisch Erkrankten in Berlin beträgt nach polizeilichen Schätzungen im Höchstmöglichen etwa 2,5 pCt. der Bevölkerung. Dies Verhältniß ist nicht gerade schreckenerregend, wenn man in Erwägung zieht, daß Berlin den Knotenpunkt vieler Wasserstraßen, Chausseen und Eisenbahnen bildet, eine große Handels- und Industriestadt ist und durch diese beiden Einflüsse zum Sammelplatz vieler Fremden geworden ist. Merget schlug in seinem Buch über Berlin 1857 die Summe der jährlich Berlin passirenden Fremden schon auf 250,000 an. Das Polizeiamt will dieselben nach individueller Beobachtung gegenwärtig auf eine halbe Million pro Jahr annehmen.

## 1. Die gesellschaftlichen Elemente der Prostitution.

Geschäftsort ersten Ranges und bereits seinem ganzen Gepräge nach Weltstadt, muß Berlin den Gesetzen des Menschenverkehrs unterliegen, welche die Prostitution an jedes Emporium fesseln. Unsittlichkeit und Fremdenfrequenz sind seit den Zeiten der Babylonier Correlat.

Selbstverständlich ist die sowohl seßhaft als flottirend einheimische Bevölkerung nicht von einem Antheil Schuld freizusprechen. Ist doch nicht abzustreiten, daß ein großer Theil der männlichen Jugend mit dem Grundsatz erzogen wird oder sich erzieht, daß im Umgange mit Prostituirten kein Verstoß gegen die Gebote der Sittlichkeit liege. Treten in der Großstadt überhaupt die Unverheirateten stärker auf, so überwiegen doch in Berlin in der so ausnehmend zahlreichen Altersklasse der 20- bis 30jährigen ganz beträchtlich die unverheirateten Personen die Verheirateten.

Dabei steht unsere flottirende zur seßhaften Bevölkerung im Verhältniß von 21,93 zu 78,07 pCt. Wir haben unter dieser flottirenden, d. h. keinen eigenen Heerd besitzenden Bevölkerung sehr viel alleinstehende weibliche Personen. Nach Inhalt der „Berliner Volkszählung von Dr. Schwabe, Berlin 1869", ein Werk, das sich laut Engels Urtheil „für alle Zeiten eine geachtete Stellung in der statistischen Literatur erworben hat", haben wir unter den Chambregarnisten Berlins 24,8 pCt. Frauen, (darunter 10 pCt. Schneiderinnen, Nätherinnen, Modistinnen, Ladenmädchen, Handelsfrauen, Wäscherinnen, Plätterinnen, 2,6 pCt. Wittwen und gewiß ein gutes Theil von den 6,1 pCt., welche unter je 100 Chambregarnisten als Personen ohne Berufsangabe verzeichnet sind;) unter den Schlafleuten sind 19,5 pCt. weibliche Personen. In allen Stadttheilen und Straßen, wo die meisten männlichen, pflegen auch die meisten weiblichen Mitglieder der flottirenden Bevölkerung zu wohnen. Dazu kommt die große Masse der dienenden Frauen und Dienstboten mit 42,639 Seelen, so daß auf 8 weibliche Personen schon eine dienstthuende kommt.

Die Betheiligung der Frau an volkswirthschaftlicher Arbeit ist in Berlin sehr stark, denn wenn hier 1 männlicher Selbstthätiger auf 1,45 Bewohner, so kommt eine weibliche Selbstthätige auf 3,40 Bewohner, ein für Deutschland sonst unerhörtes Verhältniß. Unter den weiblichen Selbstthätigen, welche ganz überwiegend als Arbeitnehmer fungiren (wir haben 98,995 männliche, 29,016 weibliche Arbeitgeber, dagegen 142,823 männliche und 73,382 weibliche Arbeitnehmer), sind nur 5047 verheiratete Frauen, alle übrigen sind alleinstehend, nämlich wir haben 25,380 Wittwen und 71,971 Mädchen als Selbstthätige. Diese alleinstehenden selbstthätigen Frauen finden sich einer Anzahl von 8371 verwittweten und 122,959 unverheirateten selbstthätigen Männern gegenüber, dazu die Garnison von über 20,000 fast durchaus unverheirateten Männern.

Aus diesem Nebeneinanderleben alleinstehender Personen beider Geschlechter, wenn es in derartigem Maßstabe auftritt und auf beiden Seiten größtentheils Personen in kräftigstem Alter umfaßt, müssen sich physische Unzuträglichkeiten ergeben. Treten dem natürlich gefühlten Mißstande nun bei vielen Individuen beider Geschlechter eine durch die Erziehung verschuldete Grundsatzlosigkeit und eine durch die stachelnden Eindrücke und Einflüsse der Hauptstadt gereizte Sinnlichkeit hinzu und fühlt ein großer Theil der alleinstehenden Frauen ihre Lebens- und Luxusbedürfnisse durch den Ertrag ihrer wirthschaftlichen Thätigkeit nicht gedeckt, so ist die sich tagtäglich erneuernde Wirkung dieser Ursachen — die Prostitution, das sociale Deficit von Berlin. Sie enthält Momeute, welche dem Gesammtorganismus der Gesellschaft eine dauernde Schwächung, dem Individuum aber Verderben bringen.

Der Erwerb ohne wirthschaftliche Thätigkeit, wie er in der Prostitution liegt, wirkt geradezu *vernichtend* auf Charakter, Arbeitskraft und Leben der an ihr betheiligten Klasse. Allein wie diese Zustände vorhanden sind, so scheinen sie nothwendig zu sein durch die Gliederung der menschlichen Gemeinschaften, welche auch eines ausgesprochen *negativen* Elementes nach der Unvollkommenheit aller irdischen Zustände nicht entrathen können, dasselbe vielmehr zu allen Epochen aus sich heraus erzeugt haben.

Die Statistik ist, wie der größte unter den heute auf diesem Gebiet wirkenden Forschern erklärt, die Wissenschaft von den menschlichen Gemeinschaften. Wenn Dr. Engel nun bisher von den Gemeinschaften des Bluts, des Orts, des Glaubens und des Interesses sprach, so hat er sich in letzter Zeit veranlaßt gesehen, noch die destructiven Gemeinschaften jener Kategorisirung zuzufügen, unter denen die „Prostitution" eine hervorragende Stelle einnimmt. Denn ihre Zunahme oder Abnahme ist für Beurtheilung unserer socialen Zustände fast von höherer Wichtigkeit, als die Vermehrung oder Verminderung der meisten Verbrecherklassen, ihre Zahl größer als die aller andern zu den gefährlichen Klassen gerechneten Personen zusammengenommen. Insofern aber als Prostitution und ihre Wirkungen sich zu Zeiten wirthschaftlicher *Noth* am hervortretendsten äußern, haben wir an ihren Ziffern ein Barometer für die auf unsern socialen Zuständen lastende Schwere des von der menschlichen Gesammtwirthschaft, welche ja ein ewiger Kampf gegen die uns umgebende Natur ist, nicht zu besiegenden natürlichen Druckes. Das sociale Deficit hängt insofern auch positiv mit der socialen Frage zusammen.

Die sociale Frage, d. h. wissenschaftlich genommen die Untersuchung, ob Ausgleich oder Verschärfung der bestehenden Klassengegensätze in der Richtung der über uns waltenden Gesetze liege, wird auf rein dialektischem Wege immer nur mangelhaft behandelt werden; sie wird mit desto mehr Aussicht auf Erfolg in Angriff genommen, je mehr man auf dem Wege des Aufsuchens und Prüfens von Thatsachen die zu verschiedenen Zeiten verschiedene Zahl der zu den verschiedenen höheren und niederen Klassen gehörigen Personen ins Auge faßt, ermittelt und vergleicht.

Besonders interessant nicht nur für den Nationalökonomen, sondern im Allgemeinen für jeden Menschen müßte eine genauere Anschauung von den absoluten und relativen Personenziffern sein, welche den Stand des Proletariats bilden und gebildet haben. Wenn ein fast feuilletonistisch schreibender Staatsgelehrter das Proletariat als den faulen Niederschlag aller andern Stände gekennzeichnet hat, so läßt sich vom Standpunkt der Statistik, d. h. der *exakt* vorgehenden Erforschung des Lebens der menschlichen Gemeinschaften, mancherlei gegen diese Definition einwenden, die sonst vielen Beifall gefunden hat. Wir müssen vom statistischen oder demologischen Gesichtspunkte aus das Proletariat, mit welchem Ausdrucke hergebrachtermaßen die elendeste Gesellschaftsklasse bezeichnet wird, als die Summe derjenigen Menschen auffassen, welche ihre Existenz weder durch wirthschaftliche Anwendung von Capital, noch durch wirthschaftliche Arbeitskraftverwendung fristen, sondern durch Erwerb, für welchen sie kein wahrhaft nützlich wirkendes Aequivalent hingeben. Das Proletariat bildet das untere Ende der Scala von Gesellschaftsklassen*) und befindet sich *unter* der Klasse der capitallosen *Arbeiter*, denn Proletarier ist jeder capitallose *Nichtarbeiter*. Nach dem ihn kennzeichnenden Prinzip der Nichtarbeit läßt sich dieser Stand, welchem (wie überhaupt den heutigen Ständen im Gegensatz zu der aus dem Kastensystem sich langsam herausentwickelnden früheren Ständeorganisation) gegenwärtig viele Menschen nur *vorübergehend* angehören können, während er früher in einen eisernen Rahmen gefaßt war, in drei Unterabtheilungen zerlegen. Das Proletariat besteht

1) aus denjenigen, welche arbeiten wollen, aber nicht arbeiten können, weil ihnen der Arbeitsmarkt keine Gelegenheit bietet;

---

*) Die Gesellschaftsklassen zerfallen nach wirthschaftlicher Beziehung für uns in 1) Capitalisten: mit Capital ohne Arbeit; 2) Unternehmer: mit Capital und mit Arbeit; 3) Arbeiter: ohne Capital mit Arbeit; 4) Proletarier: ohne Capital ohne Arbeit.

2) aus denjenigen, welche nicht arbeiten wollen, weil sie nicht arbeiten können, indem ihnen durch Unglück verschiedener Art die regelmäßigen menschlichen Erwerbsquellen abgeschnitten sind;

3) aus denjenigen, welche nicht arbeiten wollen, aber dennoch arbeiten können und welche daher ihre vorhandene Arbeitskraft gewohnheitsmäßig in unwirthschaftlicher Weise zu andern Thätigkeiten, als zu dem, was Arbeit genannt wird, anwenden.

Die erste Abtheilung begreift die arbeitslosen Klassen, die zweite die invaliden Klassen, die dritte die gefährlichen Klassen in sich.

Offenbar haben wir in der letzten Abtheilung die unterste Schicht, die Sentina der Gesellschaftsordnung vor uns. Die absolute und relative Menge der in diese tiefstgesunkene Species gehörenden Personen ist ein Gegenstand, der seiner Prägnanz halber aufs lebhafteste zu der Signatur der Gesellschaftsverhältnisse eines bestimmten Zeit- und Raumabschnittes beitragen muß. Die gefährlichen Klassen von Berlin sind das reguläre sociale Deficit der Hauptstadt von Deutschland, und die wichtigsten und zahlreichsten, auch am ehesten mit Sicherheit zu rubricirenden Posten dieses Deficits stellt die Prostitution.

Von jeher waren große Städte wegen des Verflüchtigens aller Einzelerscheinungen, welches in ihren Menschenwüsten stattfindet, geeignete Orte für das den sittlichen und deshalb auch den wirthschaftlichen Grundsätzen zuwiderlaufende Treiben der gefährlichen Klassen.

Es dürfte aber nicht ohne Interesse sein, den Umfang dieser Abtheilung des Proletariats von Berlin einer nähern Betrachtung gerade jetzt zu würdigen.

Die Jahre 68 und 69 bezeichnen mit dem durch die norddeutsche Bundesgesetzgebung gebotenen Wegfall vieler polizeilicher und administrativer Vorbeugungsmaßregeln den Beginn einer Epoche, in welcher die gefährlichen Klassen von Berlin weiteren Spielraum als bisher für ihre Ausbreitung in der Stadt und für ihre Rekrutirung von außerhalb finden werden. Und die Folgen dieses und vielleicht noch anderer Umstände haben sich bereits im Jahre 1869 so auffallend geltend gemacht, daß das preußische Abgeordnetenhaus nicht umhin gekonnt hat, die Debatten einer Sitzung den betreffenden Gegenständen zu widmen. Der im November 1869 von jener hohen Körperschaft angenommene Antrag auf Verstärkung der sittenpolizeilichen Aufsicht in der Stadt Berlin hat jedenfalls in weiteren Kreisen die Aufmerksamkeit auf den Gegenstand unserer Betrachtung gelenkt.

Es gruppiren sich die gefährlichen Klassen einer großen Stadt immer um dies klägliche Pseudogewerbe. Vor allen Dingen bilden die Prostituirten ihrer Zahl nach die oft größere Hälfte sämmtlicher in die gefährlichen Klassen zu rechnenden Personen. Dieses Uebergewicht des weiblichen Geschlechts auf der untersten Gesellschaftsstufe darf nicht überraschen. Schon Tacitus sagt ja, daß ein Weib, die ihre Ehre verloren, weiter nichts mehr zu verlieren habe,*) und die tägliche Wahrnehmung hat zu allen Zeiten bestätigt, daß der weibliche Charakter, sobald er in das Sinken geräth, den männlichen an Fallgeschwindigkeit bei Weitem übertrifft. Es ist deßhalb nicht seltsam, daß eine größere Menge von Weibern als von Männern in die niederste Gesellschaftsschicht alljährlich unaufhaltsam hinabstürzt.

Wenn Colqhoun in seiner 1797 erschienenen Police of the Metropolis unter den 115,000 Mitgliedern der 24 gefährlichen Klassen, welche er für London aufstellt, allein 50,000 Personen (allerdings zu viel) als Mitglieder der Einen Prostituirtenklasse bezeichnet, und wenn Frégier die Hauptabschnitte seines bekannten Buches über die classes dangereures zur Besprechung der Prostitutionsverhältnisse verwendet, so dürfte statistisch geboten erscheinen, überhaupt die gefährlichen Klassen in zwei Unter-

*) Vgl. auch Montesquieu: Esprit des loix. Liv. VI. chap. 9. „Il y a tant d'imperfections attachées à la perte de la vertu dans les femmes; toute leur âme est si fort dégradée, un point principal ôté en fait tomber tant d'autres que l'on peut regarder dans un Etat l'incontinence publique comme le dernier des malheurs."

abtheilungen so zu zerlegen, daß auf die eine Colonne die Prostitution, auf die andere alle übrigen Mitglieder dieser Gesellschaftsschicht gereiht werden.

Die betreffenden Zusammenhänge sind für Berlin durch das Louiswesen deutlich angezeigt, es ist aber überhaupt nirgendwo anders.*)

## 2. Geschichte und Statistik der Berliner Prostitution.

Wir können außerdem diesmal nur über die Prostitution von Berlin schreiben, weil wir keine genauen Angaben über die andern gefährlichen Klassen haben. Die Statistik der Verbrechen ist noch weit entfernt von einer Statistik der Verbrecher. Wenngleich wir durch eine längere Reihe von Jahren die durchschnittliche Zahl der Diebstähle pro Tag in Berlin auf 14 berechnet haben, so wissen wir doch nichts Genaues über die Zahl der gewohnheitsmäßigen Diebe.

Wir kennen die Zahl der wegen entehrender Verbrechen bestraften Personen, welche sich in Berlin aufhalten, und natürlich auch derjenigen, welche auf Grund des Gesetzes vom 12. Februar 1850 unter Polizeiaufsicht stehen, ebenso der sich darunter befindenden jugendlichen Verbrecher. Allein aus diesen Angaben läßt sich ebensowenig als aus den Ziffern der überhaupt in den Gefängnissen befindlichen Personen, der Bettler, der Transportaten und der ermittelten Verbrecher ein genügender Schluß auf die Verbrecherklasse ziehen. Denn zu diesen gehört nur ein Theil dieser Kategorien.

| Wegen entehrender Verbrechen bestraft. | Davon noch unter Polizeiaufsicht. | | Mit abgelaufener Polizeiaufsicht. | | Darunter jugendliche Verbrecher bis zu 15 Jahren. |
|---|---|---|---|---|---|
| | Männl. | Weibl. | Männl. | Weibl. | |
| 1865: 22611, davon 7345 Weiber | 1183 | 574 | 14083 | 6771 | 310 |
| 1866: 27160, " 9353 " | — | — | — | — | 364 |
| 1867: 30764, " 10744 " | 1298 | 628 | — | — | 399 |

| Gefangene in Untersuchungshaft, Gefängnissen und Strafanstalten. | Verhaftete Bettler. | Transportaten | | | Ermittelte Verbrecher, die dem Staatsanwalt überwiesen. |
|---|---|---|---|---|---|
| | | aus Berlin. | durchtransportirt. | zusammen | |
| 1865: 5739 | 781 | 742 | 85 | 827 | 3015 |
| 1866: 5698 | 1552 | 825 | 184 | 1009 | 2923 |
| 1867: 5804 | 1795 | 912 | 132 | 1044 | 3499 |

Bis zur Einführung von Zählblättchen für die bestraften Verbrecher wird es nicht möglich sein, über den Umfang der Verbrecherklasse ein genaues Bild zu erhalten. Freilich ist das Zählblättchen auch für den Haupttheil der gefährlichen Klassen diejenige Reform, von deren Eintritt an man eine systematische Statistik eintreten lassen kann. Bisher ist an sicheren Zahlen nur sehr wenig geboten.

Approximativen Polizeischätzungen nach beläuft sich indeß die Zahl der Frauenzimmer, welche Prostitution als ausschließlichen oder fast ausschließlichen Erwerb treiben, auf höchstens 4000, darunter am 1. Juli 1870 1646 notorisch Prostituirte, die als solche zu regelmäßiger ärztlicher Untersuchung verpflichtet, und auf 12,000, welche Prostitution als Nebenerwerb treiben, bei einer weiblichen Bevölkerung von 390- bis 400,000 (am 3. Dezember 1867 gab es 348,728 weibliche Einwohner in Berlin, 351,253 männliche Einwohner, unter denen 18,522 active Militärs).

---

*) Vgl. unter den englischen Arbeiten über den Gegenstand: London Labour and London Pour. Supplem. Volume. London 1862. P. 181, 205, 210, 269, 421, 422.

Im Ganzen ist der Zusammenhang der Thatsachen für Berlin nicht ungünstig. Vier Procent ihrer weiblichen Einwohnerschaft als Prostituirte zu sehen*) ist für eine große Anzahl von mittleren Städten schon seit langer Zeit nicht mehr auffallend, in Berlin aber haben wir auch im höchsten Falle nicht ganz vier Procent Frauen, die der Prostitution zugänglich sind. Gegenüber den 16,000 allenfalls Prostituirten von Berlin erscheinen die 25,000 von Wien, die 30,000 von New-York, die 50,000 von Paris**) und die 60,000 von London als weit größere Procentsätze der betreffenden weiblichen Einwohnerschaften, und die üblen Nachreden, welche Berlin treffen, sind nur mit Einschränkung zuzugeben, heute so wie früher.

So sehr entfernt wir auf der einen Seite sind, die Zustände unserer Gegenwart als den Gipfel der gesellschaftlichen Entwicklung anzusehen, eben so sehr müssen wir uns doch gegen die sonst oft gehörte Ansicht verwahren, als sei die Prostitution eine in gleichem oder vielleicht sogar in stärkerem Verhältniß als die Civilisation wachsende Eigenthümlichkeit verfeinerter Zustände.

Ein Blick in das historisch gründliche Werk von Rabutaux***) genügt, uns zu belehren, daß im Mittelalter, in jener angeblichen Epoche der Sitteneinfalt, die Zahl der Prostituirten im Verhältniß zur Bevölkerung oft stärker war, als in den neueren Jahrhunderten.

Ueber die Ausdehnung, welche die Prostitution speciell in Berlin während des Mittelalters und in den neueren Jahrhunderten bis zum Tode Friedrichs des Großen erlangt hatte, ist vom Stadtarchivar Herrn Fidicin im fünften Bande seiner „diplomatischen Beiträge zur Geschichte der Stadt Berlin“ bereits das in dem Magistratsarchive und in den älteren historischen Werken gebotene Material erschöpfend zusammengestellt. Es haben sich jedoch im Stadtarchiv unter Vermittelung des Archivars für den Verfasser noch einige unbenutzte Angaben gefunden, welche derselbe demnächst umfänglich veröffentlichen wird.

Jedenfalls ist als feststehend zu erachten, daß neben der ziemlich zahlreichen geduldeten, unter Aufsicht des Scharfrichters zu Berlin und des Jungfernknechtes zu Cöln in besondere Straßen zusammengeschlossenen Prostituirtenmenge zu allen Zeiten in uncontrolirter Weise und in großartigem Maßstabe Kuppelei und Prostitution in den „beiden Städten an der Sprew“ getrieben worden ist. Die Gerichtsakten des 15., 16. und 17. Jahrhunderts zeigen, daß trotz den für unconcessionirte Dirnen üblichen Strafen: Auspeitschung am Pranger mit obligater Verweisung aus dem Weichbilde, die sehr freigebig angewandt und bei eben erst gefallenen Mädchen durch Abschneiden der Zöpfe, bei gewohnheitsmäßigen Dirnen und Kupplerinnen durch Abschneiden der Ohren verschärft, bei verheirateten Frauen, die sich prostituirten, aber durch Lebendigbegraben ersetzt wurde, dennoch das Uebel nicht auszurotten war.†) Aus der verhältnißmäßig sehr großen Anzahl der betreffenden Processe läßt sich auf den Umfang des Uebels schließen. Im Jahre 1608††) wurde eine aus Cöln verwiesene Dirne in Berlin aufgegriffen, den „Burgemeister und die Rathmanne“ der Stadt redete sie mit folgender bezeichnenden Wendung an:

„Ihr Herren, wollt ihr alle Huren verjagen? Ist doch in beiden Städten, Berlin und Cöln, kein Haus, darin nicht eine Hure vorhanden!“

Im Jahre 1688 aber wandte sich der Magistrat von Berlin in seinen „Gravamina“ pro 7° mit folgenden Worten an die kurfürstliche Regierung um Abhülfe: „An jeder Straßenecke sind junge Huren, die mit Aepfeln und Nüssen handeln, davon sie die

---

*) Potton, de la prostitution. P. 34.

**) Paris ist auch noch während seiner Belagerung voll von Demimonde, und doch vertrieb der Polizeipräfect Kératry vom 6. bis zum 12. September 1870 nach französischen Journalen 1400, bis zum 18. September 3000 notorisch Prostituirte, nachdem viele von selbst weggezogen waren.

***) M. Rabutaux, De la Prostotution en Europe depuis l'antiquité jusqu à la fin du 16. siècle. Paris 1865.

†) Vgl. die Verhandlungen zwischen den Berliner Gerichten und dem Brandenburger Schöffenstuhl, Codex Ms. Fol. 134, 179, 183, 205, 210, 229, 474, 484, 568, 585, 635.

††) A. a. O. Fol. 475.

Metze um 3 Gr. kaufen und um 6 Gr. verkaufen, die des Tages sich verkuppeln, des Nachts aber auf Hurerei ausgehen."

Neben dieser nicht geduldeten Prostitution, gegen welche durch Edict von 1690 das Zucht- und Spinnhaus zu Spandau als Strafe angedroht wurde, entwickelte sich im Laufe des 18. Jahrhunderts die schon früher gepflegte (wurden doch im 16. Jahrhundert den betreffenden Dirnen aus Stadtmitteln Schleier gekauft, die sie laut Verordnung von 1486 tragen sollten!) tolerirte Prostitution zu großen Verhältnißzahlen, wie aus allen handschriftlichen Zeugnissen hervorgeht.

Im Jahre 1780 sollen 100 Bordelle vorhanden gewesen sein, in deren jedem sieben bis neun Mädchen gehalten wurden; auf eine Bevölkerung von 80,000 also 800 notorische Prostituirte, daneben sehr viele der Prostitution verdächtige einzelwohnende Dirnen.*) Dagegen finden wir 1864 zur Zeit der Volkszählung, welche 632,749 Köpfe ergab, etwa 14,000 der Prostitution verdächtige Mädchen, von denen noch nicht 1000 unter regelmäßiger Controlle standen und also jenen 800 ehemaligen Bordellmädchen gleich als notorisch prostituirt gelten konnten. Auf 702,437 Köpfe aber zu Ende 1867 finden wir 1447 notorisch Prostituirte. Wenn 1780 die notorische Prostitution von Berlin 1 pCt. der Bevölkerung betrug, so machte sie Ende 1867 noch nicht ¼ pCt. der Kopfzahl aus.

Es wird sich jedoch nicht entscheiden lassen, ob die Berliner Prostitution wirklich in schwächerem Verhältniß gewachsen sei, als die Berliner Bevölkerung. Wenn die Zahlen für diese Annahme zu sprechen scheinen, so ist in Betracht zu ziehen, daß die moderne Polizeistatistik nirgend auf größere Schwierigkeiten stößt, als bei Ermittelung der sich durch Prostitution ganz oder theilweise nährenden Frauenzimmer. Theils durch die realen Verhältnisse, theils durch die den Individuen von Jahr zu Jahr mehr Freiheit gewährende Gesetzgebung wächst für die prostituirten Individuen die Möglichkeit, sich den Nachforschungen der sie pflichtmäßig registrirenden Polizei zu entziehen.

Wenn also, nach Angabe der Polizeibehörden selbst, die ermittelten Zahlen über die Prostituirtenklasse durchweg nur cum grano salis aufzufassen und zu behandeln sind, so fehlt es uns auch gänzlich an anderweitigen Anhaltspunkten, aus welchen wir, ohne einer großen Anzahl im allgemeinen achtbarer Frauen Unrecht und Wehe zu thun, auf den ziffermäßigen Stand der Prostitution schließen könnten. Es verbietet sich gewiß ein Heranziehen der Fabrikarbeiterinnen-Summe als solcher.

Auf den Stand der Prostitution lassen sich namentlich keinerlei Schlüsse aus den unehelichen Geburten ziehen, wie man wohl vielfach meinen hört. Prostituirte concipiren nur sehr selten.

| Es wurden wegen Schwangerschaft aus der Controle entlassen | Zahl der am Schluß des Jahres unter Controle Verbleibenden |
|---|---|
| 1855: 29 | 1338 |
| 1856: 17 | 1366 |
| 1857: 28 | 1235 |
| 1858: 23 | 1117 |
| 1859: 31 | 1078 |
| 1867: 19 | 1447 |
| 1868: 20 | 1625 |
| 1869: 37 | 1776 |

Wir bleiben demnach auf die direkten Angaben der Berliner Sittenpolizei beschränkt. Diese aber zeigen uns in triennienweiser Abstufung je am Jahresschluß das untenstehende Verhältniß von Bevölkerung und zur amtlichen Kenntniß gelangter Prostitution. Dasselbe ist, trotzdem wir uns auf die Jahre der Zollvereinsvolkszählung beschränken, dennoch nur ein ungefähres, denn die Bevölkerungszahl am 31. Dezember der einzelnen Jahre läßt sich bekanntlich nicht richtig ermitteln, da die nach Monaten geordneten Angaben des Bevölkerungszuwachses, wie sie der Polizei vorlagen, am Schluß des Trienniums durch ihre Zusammenaddition immer weit weniger ergaben, als die Volkszählung an Seelenzahl ausbrachte.

---

*) Cfr. das vortreffliche polizeiwissenschaftliche Buch: Die Prostitution in Berlin, 1846. p. 29—35. Großentheils Plagiat aus ihm ist das sonst verächtliche Machwerk „Die Sinnenlust und ihre Opfer", Berlin 1870, das wir ebensowenig beachten können, als die vielen sonst erschienenen angeblich wissenschaftlichen Schriften über Prostitution, deren Verfasser sich dadurch zu salviren glauben, daß sie neben die Wollust den Teufel malen.

| Gesammtbevölkerung am 3. Dezember | | Controlirte Prostituirte am 31. Dezbr. | Als prostitutionsverdächtig während des Jahres bis zum 31. Dezember verwarnt und eingezeichnet |
|---|---|---|---|
| Ende 1852: | 438958 | 695 + 260 Bordellmädchen = 955 | — |
| „ 1855: | 447483 | 1338 | 731 |
| „ 1858: | 458637 | 1117 | 775 |
| „ 1861: | 547571 | 954 | 858 |
| „ 1864: | 632749 | 936 | 809 |
| „ 1867: | 702347 | 1447 | 1631 |
| 1. Juli 1870: | 800000 | 1646 | — |

Die Zahl derjenigen weiblichen Personen, welche von der Polizei (außer diesen Zahlen) als im allgemeinen zum Verdacht auf Prostitution Ursache gebend in Berlin einer Ueberwachung je nach Umständen unterliegt, wurde approximativ veranschlagt

für das Jahr 1853 auf 4500
„ 1854 „ 4000
„ 1855 „ 4— 6000
„ 1859 „ 4— 6000
„ 1862 „ 4000
„ 1863 „ 6— 8000
„ 1864 „ 8—10000
für das Jahr 1865 und alle folgenden auf 12000

Für die einzelnen achtzehn Jahre, aus welchen es uns möglich war, annähernd genaue Daten aufzufinden, stellen sich die Zahlen:

| Unter ärztlicher regelmäßiger Controle standen: am Ende des Jahres | Weiber | Es waren verhaftet worden durch die Polizei im Laufe des Jahres | | Als prostitutionsverdächtig waren eingezeichnet, ohne daß Streichungen in der Liste stattfanden: am Ende des Jahres | Weiber | Also wurden vorgeladen und verwarnt im Laufe des Jahres |
|---|---|---|---|---|---|---|
| 1852 | 695 | — | | 1852 | 618 | — |
| 1853 | 980 | — | | 1853 | 824 | 206 |
| 1854 | 1156 | — | | 1854 | 1540 | 716 |
| 1855 | 1338 | 4080 | In der Zahl dieser Verhaftungen bis 1863 sind wahrscheinlich die von der Sittenpolizei vorgenommenen Sistirungen mit einbegriffen. | 1855 | 2271 | 731 |
| 1856 | 1366 | 3972 | | 1856 | 3075 | 804 |
| 1857 | 1235 | 4441 | | 1857 | 3923 | 848 |
| 1858 | 1117 | 3887 | | 1858 | 4698 | 775 |
| 1859 | 1078 | 3563 | | 1859 | 5302 | 604 |
| 1860 | 989 | 2045 | | 1860 | 6046 | 744 |
| 1861 | 954 | 2136 | | 1861 | 6904 | 858 |
| 1862 | 990 | 3186 | | 1862 | 7742 | 838 |
| 1863 | 1019 | 4426 | | 1863 | 8705 | 963 |
| 1864 | 936 | 5065 | | 1864 | 9514 | 809 |
| 1865 | 990 | 5331 | | 1865 | 9929 | 415 |
| 1866 | 995 | 9939 | Verhaftungen mit Ausschluß der durch die Sittenpolizei bewirkten Sistirungen. | 1866 | 10860 | 931 |
| 1867 | 1447 | 15413 | | 1867 | 12491 | 1631 |
| 1868 | 1625 | 17024 | | 1868 | 13610 | 1119 |
| 1869 | 1776 | 11405 | | 1869 | 14362 | 757 |

| Im Laufe des Jahres | Stattgefundene Sistirungen. | Bestrafungen im Wege der Administrativexekution. | Verurtheilungen wegen gewerbsmäßiger Unzucht § 146. | Verurtheilungen wegen Verletzung der Schamhaftigkeit § 150. | Verurtheilungen wegen Kuppelei. | Verurtheilungen wegen Creditgebens an Minderjährige. |
|---|---|---|---|---|---|---|
| 1855 | 821 | — | — | — | — | — |
| 1856 | 1109 | — | — | — | — | — |
| 1857 | 925 | — | — | — | — | — |
| 1858 | 776 | — | — | — | — | — |
| 1859 | 680 | — | — | — | 10 | — |
| 1860 | 684 | 285 | — | — | 5 | — |
| 1861 | 740 | — | — | — | 21 | — |
| 1862 | 800 | — | — | 7 | 40 | — |
| 1863 | 800 | — | — | 7 | 26 | 9 |
| 1864 | ? | — | — | 7 | 28 | 9 |
| 1865 | ? | — | — | 4 | 10 | 3 |
| 1866 | 6043 | 855 | 229 | 30 | 16 | — |
| 1867 | 8268 | 691 | 174 | 45 | 25 | — |
| 1868 | 9436 | 820 | 206 | 8 | 44 | — |
| 1869 | 7070 | 2730 | 178 | — | 35 | — |

Es sind diese Zahlen aus den Akten der Sittenpolizei einzeln zusammengetragen worden, da Tabellen nur vorübergehend, so namentlich 1856, aufgestellt und noch vorhanden sind.

Erst für das Jahr 1866 wurden wieder Tabellen eingeführt und mit identischen Köpfen seitdem Jahr für Jahr erneuert.

Die Einzelangaben, welche bis 1866 aufzufinden sind, widersprechen sich theilweise, so daß wir oft wegen der möglichst annähernden Richtigkeit auch nur Einer Zahl zu weitergehenden Untersuchungen genöthigt waren. Aber auch nach gewissenhafter Prüfung bleibt es dem Zweifel unterworfen, ob für die polizeilichen Handlungen, auf Grund deren die Prostitutionsziffern über Sistirungen, Verhaftungen rc. basiren, seit 1852 ununterbrochen gleiche Maximen maßgebend gewesen sind.

Es ist demnach klar, daß den in dieser Beziehung ermittelten Zahlen nur ein sehr relativer Werth beizulegen ist, wenn dieselben in wissenschaftlicher Beziehung einen Stützpunkt für weitere Schlüsse geben sollen. Umsomehr ist es nothwendig: Daten, die schon an sich eine unsichere Entstehung haben, desto sorgfältiger in der Bearbeitung mit Kritik zu behandeln.

Hier ist denn gleich von Anfang ein Hauptirrthum zu berichtigen, welchen die bisher veröffentlichten Zahlen erwecken konnten und auch erweckt haben.

Der Jahresbericht der Berliner Sittenpolizei pro 1867 enthält ähnlich wie in vorhergehenden Jahrgängen die entsprechenden Notizen den Satz: Der Prostitution verdächtige mit der Sittenpolizei in Berührung gekommene namentlich verzeichnete Frauenzimmer waren Anfang 10,860, Ende 1867 12,491 und schon vorher sagte die Denkschrift des Centralaussch. f. i. Miss. p. 17: „Die Zahl derer, welche die Sittenpolizei (außer den Controlirten) als Prostituirte oder der Prostitution Verdächtige in ihren Listen führt, beträgt circa 12,000.“

Allein diese Zahlen geben nicht die Summe der Prostitutionsverdächtigen an, welche Ende 1867 vorhanden waren, sondern vielmehr die Summe aller Mädchen, welche seit Einführung der betreffenden Listen, seit 1852, wo sie mit 618 Nummern begannen, in dieselben eingetragen worden sind, und in Wahrheit kann etwa nur der vierte Theil dieser Wesen als zur Zeit jener Zahlbestimmung von 12,000 unter die Bedingungen des Eintragens fallend, angesehen werden.

Es läßt sich nämlich nicht ermitteln, wieviel von den 14,367 Mädchen, welche seit dem 1. Januar 1852 bis zum 31. Dezember 1869 das betreffende Verwarnungsdokument unterzeichnet haben und als Prostitutionverdächtige in die Listen eingetragen worden sind, überhaupt noch am Leben oder in Berlin sind, geschweige denn wieviele von ihnen allen, die seit 1852 verwarnt worden sind, noch heute einer Verwarnung bedürfen. Wenn aber die Gesammtsumme der in die Controlirtenlisten seit 1852 eingetragenen Weiber 5313 bis zum 1. Juli 1870 betrug, am 1. Juli dieses Jahres aber nur noch 1646 unter Controle standen, so läßt sich annehmen, daß mindestens das gleiche Verhältniß von Einmal Eingetragenen und von noch heute unter den Bedingungen der Eintragung Stehenden auch für die Prostitutionsverdächtigen stattfindet. Wenn fast nur noch der vierte Theil von jener Kategorie übrig ist, indem 3667 Mädchen todt, weggezogen oder dispensirt sind, so ist noch weit weniger als der vierte Theil von den 14,367, welche am 1. Januar 1870 in den niemals sich verringernden sondern immer nur wachsenden Listen standen, an diesem Datum auch wirklich noch prostitutionsverdächtig, denn nicht nur durch Tod, Wegzug, höheres Alter, Krankheit und Besserung des Lebenswandels ist ein großer Theil dieser Frauenzimmer aus der betreffenden Kategorie ausgeschieden: sondern eine nicht unbeträchtliche Zahl derselben sind ja, sobald sie in Flagranti oder im Wiederholungsfalle als die Prostitution ausübend betroffen wurden, in die Liste der Controlirten übergegangen. Die Zahl derjenigen Prostitutionsverdächtigen also, welche mit der Polizei in actenmäßige Berührung gekommen und noch gegenwärtig nach Umständen polizeilicher Ueberwachung unterliegen, ist kaum höher als auf etwa 3000 anzuschlagen. Wir fordern zum Gegenbeweise auf, indem wir diesen aus unserer Einsicht in den Betrieb der Sittenpolizei gezogenen Schluß hier aufstellen. Evident ist jedenfalls, daß während in einem Jahr x, im andern y, in .... weitern Jahren n, im letzten Jahre aber z

Prostitutionsverdächtige wirklich vorhanden waren, durch frühere Berichte x + y + .... n + z als die Zahl der im letzten betreffenden Jahr vorhandenen Mädchen dieses Schlages angegeben wurde. Die Folge davon ist natürlich, daß die Berliner Prostitution in weit schwärzerem Lichte erscheinen mußte, als diejenigen Zahlen sie darstellen, welche wir über die im Lauf jedes Jahres als prostitutionsverdächtig verwarnten Weiber (1853: 206, 1869: 757) zusammengestellt haben, und die zwar auch nichts beweisen aber doch ein richtiges Bild von der Entwicklung der Thatsachen geben.

## 3. Die physischen Wirkungen der Prostitution.

Auch die unmittelbaren physischen Wirkungen der Prostitution, die in syphilitischen Krankheiten hervortreten, sind für unsere Verhältnisse nicht selten zu düster gemalt worden.

Wie bei der betreffenden Debatte des Abgeordnetenhauses im Jahr 1869 hervorgehoben wurde, ist der Gesundheitszustand in Berlin mit Rücksicht auf Syphilis beträchtlich besser als anderwärts. Die zur amtlichen Cognition gelangten Fälle von Syphilis und ähnlichen Krankheiten ergeben nur wenig mehr als 1 Procent der Bevölkerung. Die Polizeiacten für 1862 schätzten auf medicinischer Grundlage, daß außer den 5518 amtlich aufgeführten Fällen etwa noch 1400 Fälle in Privatbehandlung gewesen seien, daß aber sicherlich über das hierdurch bedingte Verhältniß von $1\frac{1}{2}$ pCt. der Bevölkerung hinaus niemals mehr als bis zu $2\frac{1}{2}$ pCt. Fälle von Venerie vorkommen könnten. Für die einzelnen Jahre seit 1852 sind über die zur Kenntniß der Polizei gelangten venerischen Erkrankungen bei Frauenzimmern folgende Zahlen zu finden gewesen:

| | Krätze. | Syphilis und Krätze. | Frische Venerie. | Alte Syphilis. | Verdächtige Hautausschläge. | Summe der in die Charité gelieferten Weiber. | |
|---|---|---|---|---|---|---|---|
| 1852 | 6 | ? | 249 | | — | 255 | |
| 1853 | 10 | ? | 266 | | — | 276 | |
| 1854 | 32 | 5 | 531 | 126 | — | 502 | + 196 kranke Bordelldirnen, also 698 |
| 1855 | 77 | 16 | 600 | 510 | 12 | 1119 | + 126 „ „ „ 1245 |
| 1856 | 61 | 17 | 772 | 548 | 5 | 1299 | + 83 „ „ „ 1382 |
| 1857 | 36 | 4 | 543 | 499 | 4 | 1086 | |
| 1858 | 49 | — | 422 | 410 | — | 881 | darunter Dienstmädchen 40 |
| 1859 | 20 | 45 | 518 | 328 | 13 | 924 | „ „ 32 |
| 1860 | 36 | 6 | 658 | 388 | 4 | 1092 | |
| 1861 | 44 | 10 | 529 | 364 | — | 947 | |
| 1862 | 96 | 45 | 904 | 435 | — | 1280 | |
| 1863 | 147 | 79 | 809 | 479 | — | 1514 | |
| 1864 | 53 | 29 | 852 | 387 | — | 1321 | |
| 1865 | 49 | 15 | 860 | 265 | 8 | 1197 | |
| 1866 | 46 | 17 | 1204 | 164 | 14 | 1445 | darunter Dienstmädchen 35 |
| 1867 | 86 | 7 | 1164 | 275 | 60 | 1592 | „ „ 88 |
| 1868 | 88 | 4 | 1160 | 209 | 48 | 1509 | „ „ 23 |
| 1869 | 56 | 1 | 888 | 128 | 3 | 1077 | „ „ 17 |

Auch für diese Zahlen enthalten nicht nur die amtlichen Quellen widersprechende Angaben, unter denen Auswahl zu treffen blieb, sondern es sind auch für das Verfahren der Polizei, um Syphilisfälle zu ermitteln, nachgewiesener Maßen zu verschiedenen Zeiten verschiedene Grundsätze geltend gewesen. Erst seit 1863 wurden auch diejenigen Frauenzimmer, welche wiederholt aus Berlin ausgewiesen wurden, factisch aber nicht aus der Stadt zu bringen waren, deren Umgegend sie durch Verführung und Ansteckung, namentlich der Soldaten, unsicher machten, unter Außerachtlassung des strengen Rechtsprincips der ärztlichen Controlle ebenso unterworfen, wie ortsangehörige Dirnen.

Dies seitdem mit günstigem Erfolge für den öffentlichen Gesundheitszustand fortgesetzte Verfahren ist entschieden noch weiterer Ausdehnung fähig, wird dann aber natürlich auch den künftigen Zahlen andre Grundlage geben.

Ueber die syphilitischen Männer, welche von der Polizei als solche recognoscirt wurden, haben wir erst seit 1866 ausdrückliche Nachweise.

Aus dem Polizeigewahrsam wurden im Laufe des Jahres zur Charité befördert

venerische Männer

| | Summa | Krätze | Syphilis |
|---|---|---|---|
| 1866: | 779 | 116 | 663 |
| 1867: | 442 | 214 | 228 |
| 1868: | 388 | 194 | 194 |
| 1869: | 384 | 159 | 225 |

Von verhältnißmäßig sehr hoher, weil immer gleichmäßiger Bedeutung sind die an die Sittenpolizei übermittelten Angaben von der bei Männern im Berliner Gewerkskrankenverein vorgekommenen Venerie, die wir in folgenden Zahlen darstellen:

| | Erkrankungen aller Art. | Venerische Erkrankungen. | Procentsatz der venerischen im Verhältniß zu den Erkrankungen im Allgemeinen. | Gonorrhöe. | Frische syphilitische Geschwüre. | Alte Syphilis Secundär. |
|---|---|---|---|---|---|---|
| 1856 | 42040 | 1796 | 3,25 | 926 | 544 | 316 |
| 1857 | 43210 | 1117 | 2,91 | — | — | — |
| 1858 | ? | ? | ? | — | — | — |
| 1859 | 46300 | 1552 | 4,55 | — | — | — |
| 1860 | 30797 | 1633 | 5,30 | — | — | — |
| 1861 | 41774 | 2739 | 6,55 | — | — | — |
| 1862 | 49416 | 3253 | 6,58 | — | — | — |
| 1863 | 50061 | 3526 | 7,04 | 1988 | 1002 | 536 |
| 1864 | 55505 | 3406 | 6,13 | 1870 | 1014 | 532 |
| 1865 | 60867 | 3241 | 5,32 | 1841 | 888 | 512 |
| 1866 | 56312 | 3941 | 7,05 | 2144 | 1183 | 614 |
| 1867 | 60014 | 4278 | 7,13 | 2439 | 1179 | 660 |
| 1868 | 66872 | 4436 | 6,64 | 2584 | 1135 | 717 |
| 1869 | 69916 | 4664 | 6,77 | 2559 | 1313 | 792 |

Wenn die vou uns aufgestellten Tabellen überhaupt Nutzen haben können, so dürfte dieser weniger in dem absoluten Werth, welchen die Zahlen für ein einzelnes Jahr an sich tragen um die Ausbreitung der Syphilis in Berlin zu constatiren, als in der relativen Bedeutung zu suchen sein, welche sie, trotz der Abweichungen in Gewinnung der Zahlen für die einzelnen Jahre, dennoch durch das in ihnen vertretene Moment der Zeitfolge erhalten. Ein wirklich richtiges Bild von dem Stande, welchen Prostitution und Syphilis im gegebenen Einzeljahre zu Berlin behaupten, können wir aus den Tableaux deßwegen nicht erhalten, weil, wie es amtlich heißt, von den Privatärzten über deren Syphilispraxis niemals weder umfängliche noch zuverlässige Angabe gesammelt werden könne, dagegen kann die Bewegung der Prostitutionswirkungen wohl in annähernder Weise aus der Zahlenzusammenstellung geschlossen werden. Zwar können wohl in einem oder in anderm Jahre die Executivorgane der Polizei mehr Eifer als sonst entwickelt haben, zwar kann der hin und wieder eingetretene Mangel an Gefängnißstellen mehr Freilassungen und demzufolge auch stärkere Neu-Verhaftungen nothwendig gemacht haben, aber im allgemeinen ist eine derartige Verschiedenheit in der sittenpolizeilichen Ueberwachung der einzelnen Jahre nicht von allzugroßer Bedeutung bisher gewesen. In den ersten acht Monaten des Jahres 1856 wurde über große Arbeitslast der dienstthuenden Beamten geklagt; es wurde das Sittenpolizei-Dienstpersonal vom 1. September des Jahres ab beträchtlich vermehrt, allein gesteigerte Resultate von aufgefundener Unsittlichkeit gingen aus der sehr gesteigerten Ueberwachung nur in geringem Umfang hervor. Bis zum 1. September waren 814, bis zum 31. Dezember noch weitere 448 Verhaftungen vorgenommen worden, also im monatlichen Durchschnitt vor der Vermehrung des Dienstpersonals 102, nach derselben 112. Auch die im Jahre 1870 eintretende Personalvermehrung wird weniger zu einer stärkeren Entdeckung von Prostituirten, als vielmehr dazu beitragen, daß den theilweise überbürdeten Polizeibeamten ihr schweres Amt in gebührender Weise erleichtert wird. Diejenigen Kategorieen von Prostituirten und von Syphilitischen, welche sich dem Eingreifen der Behörde in einem Jahr entzogen haben, sind ihren Blicken auch in andern Jahren meistens entgangen; die ähnlichen Fälle dagegen sind in den verschiedenen Zeitabschnitten wohl nicht ganz ungleichmäßig zur Cognition gekommen.

## 4. Einflußübende Faktoren.

Unsere Zahlen bieten nicht die erforderliche breite Basis um ein sociales Gesetz zu substantiiren, wie es Rümelin definirt (cf. Tüb. Zeitschr. 1868). Das für die Bewegung der Prostitution unzweifelhaft vorhandene Gesetz ist nur durch große und sichere Zahlen zu ermitteln, Zahlen, wie sie eine auf viele Jahre und verschiedene Orte gerichtete Beobachtung im Lauf der Zeit ergeben wird. Für jetzt müssen wir uns begnügen auf die ins Auge fallenden Punkte hinzuweisen, an welche eine Erforschung des Gesetzes der Prostitutionsbewegung anzuknüpfen haben wird, wenn ihr ausreichende Materialien zu gebote stehen werden.

So ist z. B. im Jahre 1863 eine theilweis starke, im Jahre 1867 eine fast auf allen Gebieten bedeutsam hervortretende Vermehrung der Zahlen über Prostituirte im Allgemeinen und über Syphilisfälle im Besondern, nicht zu verkennen. Hier wird die Ermittelung über die Ursachen der Prostitution anzuknüpfen haben. Sollte der Nothstand jener Monate, in denen der Roggen höher galt als sonst der Weizen, ohne Einfluß auf diese traurigen Zahlen sein? (Während des Erntejahrs 66/67 galt der Schfl. Weizen 85,2, Roggen 67,7, vom 1. August 1867 bis 1. August 1868 dagegen Weizen 116,9 und Roggen 85,8 Sgr. als Durchschnittspreis für alle Marktplätze des preußischen Staats.)

Gewiß sind die folgenden Verhältnißzahlen, welche sich für die fünf Jahre von 1865—1869 als brauchbar bezeichnen lassen, da sie sowohl was die Summe der Syphilisfälle als was die Durchschnittspreise der Lebensmittel betrifft, seit 1865 auf Aufnahmen beruhen, die in jedem Jahr fast gleichmäßig waren, nicht bedeutungslos. Die arithmetische Progression des Steigens und Fallens für diese fünf Jahre geht in den Krankheitsfällen und in den Preisen ungefähr parallel; eclatanter Culminationspunct in beiden Hauptcolumnen das Jahr 1867.

| Summe der in Berlin amtlich bekannt gewordenen Fälle von Venerie u. Krätze bei Männern und Frauen einschließlich des Militärs während | | Preise d. Lebensmittel in Silbergroschen, Pfennigen. (Der „Staat" ist auch seit 1867 nur die acht alten Provinzen umfassend angesetzt.) | | | | | | |
|---|---|---|---|---|---|---|---|---|
| | | Schfl. Roggen | Schfl. Kartoffeln. | Pfund Rindfleisch. | Pfund Schweinefl. | Schfl. Weizen. | | |
| 1862 | 5518 | 63,10 | 23,2 | — | — | 89,9 | im Staat. | |
| 1863 | 6018 | 54,3 | 19,2 | — | — | 77,1 | „ „ | |
| 1864 | 5826 | 45,6 | 19,9 | — | — | 66,10 | „ „ | |
| 1865 | 5244 | 49,11 | 19,1 | 4,1, | 4,8 | 68,4 | Kalenderjahr 65 | Staat. |
| | | 55,1 | 17,10 | — | — | — | Erntejahr 65 66 | |
| | | 52,5 | 18,4 | 4,9 | 4,11 | — | Kalenderjahr 65 | Berlin. |
| | | 57,6 | 20,5 | 4,11 | 5,4 | — | Erntejahr 65 66 | |
| 1866 | 7291 | 58,5 | 19,3 | 4,8 | 5 | 82,4 | Kalenderjahr 66 | Staat. |
| | | 67,7 | 21,11 | — | — | — | Erntejahr 66/67 | |
| | | 60,4 | 20,8 | 5,2 | 5,4 | — | Kalenderjahr 66 | Berlin. |
| | | 71 | 23 | 5,2 | 5,8 | — | Erntejahr 66 67 | |
| 1867 | 7709 | 79 | 27,9 | 4,7 | 5,5 | 108,3 | Kalenderjahr 67 | Staat. |
| | | 85,8 | 26,8 | — | — | — | Erntejahr 67 68 | |
| | | 79,10 | 24,9 | 5,1 | 5,4 | — | Kalenderjahr 67 | Berlin. |
| | | 85,11 | 23,8 | 5,1 | 5,8 | — | Erntejahr 67/68 | |
| 1868 | 7545 | 78,8 | 24,7 | 4,9 | 5,9 | 104,10 | Kalenderjahr 68 | Staat. |
| | | 67,7 | 20,10 | — | — | — | Erntejahr 68/69 | |
| | | 78,7 | 24,3 | 5,2 | 5,10 | — | Kalenderjahr 68 | Berlin. |
| | | 68,4 | 23,11 | 5,2 | 6 | — | Erntejahr 68/69 | |
| 1869 | 7170 | 64,7 | 20,4 | 4,8 | 5,9 | 81,6 | Staat. | |
| | | 65,3 | 22,1 | 5,2 | 6 | — | Berlin. | |

Ohne Zweifel wirken aber auch noch andere Elemente als der Preis der Nahrungsmittel. Welche Rolle die geistige Erregung überhaupt sowie die unter ungewohnten Umständen nicht zu vermeidende Anstrengung und Aufregung bei einer Steigerung der venerischen Erkrankungen spielt, ergiebt die folgende Zusammenstellung für die während 27 Jahren bei den in Berlin stehenden Truppentheilen zur Kenntniß gelangten Fälle.

Venerisch erkrankten von den in Berlin stehenden Truppen folgende Kopfzahlen:

| | | | | | |
|---|---|---|---|---|---|
| 1843: 325 | 1852: 332 | | 1861: 815, | davon Garde | 723 |
| 1844: 335 | 1853: 249 | | 1862: 985, | „ „ | 838 |
| 1845: 395 | 1854: 428 | | 1863: 978, | „ „ | 845 |
| 1846: 406 | 1855: 589 | | 1864: 1099, | „ „ | 941 |
| 1847: 456 | 1856: 475 | | 1865: 806, | „ „ | ? |
| 1848: 1262 | 1857: 519, | davon Garde 412 | 1866: 1308, | „ „ | 917 |
| 1849: 1423 | 1858: 634, | „ „ 536 | 1867: 1397, | „ „ | 1225 |
| 1850: 670 | 1859: 1057, | „ „ 976 | 1868: 1212, | „ „ | 1032 |
| 1851: 526 | 1860: 848, | „ „ 762 | 1869: 1055, | sämmtlich Garde. | |

Daß hierbei, wenn eine Verstärkung der Besatzung eintrat, die einfache Vermehrung der Mannschaften nicht schuld war an Vermehrung der Venerie, ergiebt sich aus den nebenstehend aufgeführten Erkrankungen der immer in Berlin stehenden Gardesoldaten, welche in aufgeregter Zeit auch entsprechend zunehmen. 1864 war die Besatzung um 6000 Mann verstärkt, 1866 erkrankten außer den 917 von der Garde noch 272 Passanten und 119 Ersatzleute, 1867 außer den 1225 von der Garde noch 172 Passanten und 1868 außer den 1032 Gardesoldaten noch 180 Passanten.

Diese militärischen Zahlen sind nicht die unwichtigsten. Ueber den disjunctiven Zusammenhang zwischen der Zahl kranker Soldaten und kranker Mädchen *) besteht für die Medicinalstatistik kein Zweifel. Man wird wegen dieser festgestellten Wechselwirkung für die über 1852 zurückliegenden Jahre, aus welchen uns keine andern als militärischen Anlagen vorliegen, aus den venerischen Erkrankungen der Soldaten wohl auf Berlins allgemeinen Gesundheitszustand schließen dürfen, der auch in Wahrheit 1848 und 1849 höchst bedauerlich gewesen sein soll.

Einen hohen Einfluß hat die Jahreszeit auf die hier vorliegenden Verhältnisse. Aus den beifolgenden Monatstabellen, die, wenn es uns nicht an Raum gebräche, leicht noch erweitert werden könnten, ergiebt sich die verstärkende Kraft, welche mit Rücksicht auf Prostitution und Syphilis den Sommermonaten innewohnt. Für eine physiologische Statistik ist es gewiß von Werth, diese Zahlen neben diejenigen zu stellen, welche man für die Conceptionsfähigkeit der Frauen nach den einzelnen Monaten geordnet hat. Allerdings fällt der Höhepunkt der Prostitutionscyclus in eine andere Zeit als der der Empfängnißcurven. Während die Conceptionen nach dem Mai hin gravitiren, drängen sich die auf Prostitution bezughabenden Vorfälle nach den Monaten Juni, Juli, August am meisten hin.

| | | 1869: | 1868: | | | 1869: | 1868: | | | 1869: | 1868: |
|---|---|---|---|---|---|---|---|---|---|---|---|
| Januar | V. | 32 | 73 | Mai | V. | 83 | 97 | September | V. | 27 | 136 |
| | R. | 45 | 50 | | R. | 64 | 59 | | R. | 62 | 46 |
| Februar | V. | 65 | 107 | Juni | V. | 144 | 124 | October | V. | 13 | 104 |
| | R. | 64 | 67 | | R. | 90 | 94 | | R. | 52 | 44 |
| März | V. | 61 | 130 | Juli | V. | 123 | 91 | November | V. | 24 | 54 |
| | R. | 55 | 91 | | R. | 74 | 89 | | R. | 47 | 54 |
| April | V. | 94 | 55 | August | V. | 73 | 117 | Dezember | V. | 18 | 31 |
| | R. | 59 | 70 | | R. | 98 | 87 | | R. | 51 | 28 |

Die erste Ziffer jedes Monats bezeichnet die Zahl der im Laufe des Monats als prostitutionsverdächtig, die zweite die Zahl der als regelmäßig controlirt neu eingetragenen Weiber.

*) Potton: De la prostitution. p. 34.

| | | 1866: | 1867: | 1868: | 1869: | 1854: | 1855: | 1856: |
|---|---|---|---|---|---|---|---|---|
| Januar | C. | 117 | 139 | 143 | 74 | 36 | 98 | 150 |
| | S. | 540 | 646 | 782 | 475 | — | — | — |
| | A. | 851 | ? | 1480 | 854 | — | — | — |
| Februar | C. | 88 | 115 | 142 | 81 | 35 | 51 | 107 |
| | S. | 473 | 597 | 970 | 491 | — | — | — |
| | A. | 784 | 1033 | 1708 | 900 | — | — | — |
| März | C. | 101 | 119 | 138 | 98 | 40 | 93 | 99 |
| | S. | 557 | 699 | 653 | 602 | — | — | — |
| | A. | 825 | 1003 | 1228 | 977 | — | — | — |
| April | C. | 154 | 105 | 137 | 85 | 43 | 45 | 87 |
| | S. | 475 | 609 | 670 | 659 | — | — | — |
| | A. | 853 | 1229 | 1113 | 902 | — | — | — |
| Mai | C. | 100 | 134 | 120 | 88 | 65 | 59 | 110 |
| | S. | 457 | 677 | 772 | 626 | — | — | — |
| | A. | 704 | 999 | 1432 | 1048 | — | — | — |
| Juni | C. | 96 | 145 | 130 | 91 | 33 | 148 | 93 |
| | S. | 421 | 807 | 917 | 623 | — | — | — |
| | A. | 702 | 1365 | 1648 | 1034 | — | — | — |
| Juli | C. | 122 | 144 | 141 | 119 | 46 | 132 | 115 |
| | S. | 519 | 870 | 1085 | 743 | — | — | — |
| | A. | 952 | 1586 | 1960 | 1121 | — | — | — |
| August | C. | 151 | 158 | 158 | 114 | 49 | 104 | 93 |
| | S. | 632 | 848 | 971 | 634 | — | — | — |
| | A. | 1061 | 1746 | 1889 | 989 | — | — | — |
| September | C. | 122 | 158 | 111 | 94 | 38 | 124 | 116 |
| | S. | 341 | 693 | 998 | 620 | — | — | — |
| | A. | 606 | 1563 | 1697 | 1021 | — | — | — |
| October | C. | 131 | 126 | 108 | 86 | 44 | 112 | 131 |
| | S. | 502 | 612 | 714 | 563 | — | — | — |
| | A. | 805 | 1480 | 1207 | 910 | — | — | — |
| November | C. | 137 | 131 | 998 | 62 | 52 | 78 | 121 |
| | S. | 619 | 715 | 432 | 535 | — | — | — |
| | A. | 929 | 931 | 779 | 842 | — | — | — |
| Dezember | C. | 126 | 118 | 83 | 85 | 21 | 105 | 96 |
| | S. | 507 | 595 | 462 | 499 | — | — | — |
| | A. | 873 | 1202 | 883 | 807 | — | — | — |

Die erste Ziffer jedes Monats bezeichnet die im Laufe desselben geschehenen Einlieferungen venerisch erkrankter Weiber in die Charité, die zweite die Sistirungen, die dritte die Anderweitigen Verhaftungen von Prostituirten oder prostitutionsverdächtigen Weibern; die Zunahme der Zahlen im Laufe der Sommermonate, ihre Abnahme im Laufe des Winters ist in den letzten vier Jahren unverkennbar.

Wie sehr der Mensch unter meteorologischem Einfluß steht, ist auch hieraus unverkennbar. Fügen wir hinzu, daß unbestritten im Laufe der Sommermonate die meisten Entlassungen aus der regelmäßigen Controle stattfinden, welche sich auf Erlangung eines Dienst- oder Arbeitsverhältnisses gründen, so dürfte es kaum einem Zweifel unterliegen, daß die im Lauf des Sommers eintretende Vermehrung der Zahlen von Prostitution und Syphilis nicht auf Gründe der Noth, sondern auf psychologische und physische Ursachen zurückzuführen ist.

Dies wären etwa einige Puncte, die bei einer Betrachtung über den Umfang der Prostitution Erwägung verdienen würden. Giebt man der Statistik ausreichendes und sicheres Material in der Art wie seit 1866 begonnen wird, so kann sie ohne Zweifel hier zu überraschenden Ergebnissen gelangen. Sollte Humboldt's schönes Wort (Kosmos, Band I.) für unser sociales Deficit weniger zur Geltung kommen als anderswo? „Bei allem Beweglichen und Veränderlichen im Raum sind mittlere Zahlenwerthe der letzte Zweck, ja der Ausdruck physischer Gesetze; sie zeigen uns das Stetige in dem Wechsel und in der Flucht der Erscheinungen.“

## 5. Entstehungsgründe der Prostitution.

Ueber die Art und Weise, in welcher Berlins Prostitution geworden ist und wird, läßt sich allerdings nicht viel Neues sagen. Das immer weiter um sich greifende Heranziehen der Frauen zur Fabrikarbeit,*) verbunden mit dem praktischen

*) Villermé: Tableau physique et moral de l'état des ouvriers II 52 ff. Adolphe Boyer: De l'état des ouvriers; deßgleichen Bérand, Descuret, de Gérando, Robert, G. de Beaumont und E. Buret haben die betreffenden Gründe der Prostitution klar ins Licht gestellt.

Materialismus, der in unseren niederen Klassen ganz zweifellos immer mehr an Verbreitung gewinnt,*) wirken zusammen, um einen groß n Theil des weiblichen Geschlechtes für die Prostitution geeignet und geneigt zu machen. Der Individualismus, dieses Kennzeichen des 19. Jahrhunderts, und die schrankenlos gesteigerte Leichtigkeit der Communication tragen dazu bei, alljährlich eine steigende Summe alleinstehender Frauenzimmer von allen Gegenden Deutschlands nach Berlin zu führen. Man kann nicht sagen, daß Genußsucht und Sinnlichkeit heute stärker seien als in früheren Epochen der Großstadt, es läßt sich auch nicht behaupten, daß die physisch gefühlte Noth der untern Volksklassen heute größer geworden sei, als sie früher war; nein die atomisirende Richtung unserer Zeit ist es, welche diesen beiden zu allen Zeiten vorhandenen und auf Prostituirung hindrängenden Einflüssen heute größere Macht über das alleinstehende weibliche Wesen einräumt. Die in früherer Zeit unbekannten, das Treiben des Individuums verbergenden, die Gelegenheit zur Entsittlichung aber nach allen Seiten hin vermehrenden Einwirkungen der Großstadt thun alsdann das Ihrige, um einen beträchtlichen Theil der unverheirateten Frauenzimmer, welche sich in Berlin ohne ganz genügenden Erwerb aufhalten, oder arbeitsuchend nach Berlin kommen, der Prostitution in die Arme zu treiben.

In ähnlichem Verhältniß zum Wachsthum Berlins und zur Entwicklung unserer socialen Verhältnisse werden diese Potenzen fortwirken und wird unser sociales Deficit immer entsprechend größer werden.

Allerdings fehlt es nicht an Gegenwirkungen. Aber die von den Vertretern des religiösen Bewußtseins, namentlich von den Boten der inneren Mission geübten Einflüsse stoßen grade in den bürgerlichen Kreisen, welche über das Umsichgreifen der Prostitution die bitterste Klage führen, oft auf erheblichen Widerstand. Ebenso wird ein Anrufen der Staatsgewalt nicht selten von unserem berliner Bürgerthum nur mit Achselzucken angehört, wie ja die Debatte des preußischen Landtages vom November 1869 und die auf sie folgende Vermehrung der Berliner Polizeikräfte von vielen Einwohnern der Hauptstadt unwillig vermerkt wird. Die versuchten Gegenwirkungen, welche vom allgemein humanistisch-moralischen Standpunkt ausgehen, werden mit Recht deshalb zurückgewiesen, weil sie als Ursache der Prostitution Dinge annehmen, die mit derselben nicht in Causalität stehen. Das Werden der Prostitution ist z. B. ziffermäßig durchaus nicht in Vergleich zu bringen mit der Stellung, welche die unehelichen Geburten im System der Populationsbewegung einnehmen. Uneheliche Geburten sind bekanntlich auf durchaus andere Gründe wenigstens großentheils zurückzuführen als auf endemische Unsittlichkeit, wie sie dem Werden der Prostitution zur Voraussetzung dient. Oder sollen wir die deutsche Nationalität, welche notorisch die relativ meisten unehelichen Geburten zählt, damit für die unsittlichste erklären? Das Jahr 1870, denken wir, hat anders bewiesen, und grade diejenigen Länder des Zollvereins, welche in Deutschland die meisten unehelichen Geburten haben, Braunschweig und Baiern, sind der Wohnsitz des kräftigsten und verhältnißmäßig vielleicht unverdorbensten Volksschlages.

Berlins sittliche Zustände für besser zu erklären, als die jener beiden deutschen Länder wäre thöricht, und doch ist das Verhältniß in dieser Einen großen Stadt betreffs der unehelichen Geburten besser als in jenen beiden Staaten auf Stadt und Land zusammengenommen. Berlin hat 1 uneheliches Kind erst auf 5,7 eheliche Kinder**) und die folgenden Zahlen beweisen, daß die unehelichen Kinder in Berlin längere Lebensdauer haben als die ehelichen.

*) Vgl. Verhandlungen des deutsch-evangelischen Kirchentages. Stuttgart 1869, pag. 94.

**) 1866 war das Verhältniß 1 : 5,75,<br>
1867 " " " 1 : 5,75,<br>
1868 " " " 1 : 5,71.

| | 1867 | 1868 | 1869 |
|---|---|---|---|
| Eheliche Kinder geboren | 22943 | 24435 | 25495 |
| Eheliche Kinder unter 14 Jahren gestorb. | 12076 | 16258 | 14193 |
| Uneheliche Kinder geboren | 4118 | 4365 | 4606 |
| Uneheliche Kinder gestorben | 2217 | 2721 | 2568 |
| Gefundene Kindesleichen | 34 | 50 | 48 |
| Gefundene Leibesfrüchte | 9 | 20 | 16 |

Den unehelichen Geburten dürfte also kaum irgend welcher nahmhafte Einfluß auf die Vermehrung oder Verminderung der Prostitution beizumessen sein, ebensowenig wie sich aus ihnen auf den Stand derselben schließen läßt.

Nicht auf den Ursprung unserer ärmeren weiblichen Bevölkerung sondern weit mehr auf ihre regellose Existenz haben Menschenfreunde, als auf einen Hauptgrund des Werdens der Prostitution zu achten. Der Franzose Michel Chevalier hat nicht mit Unrecht gesagt: D'une existence irrégulière à une vie déréglée il n'y a qu'un pas, und so dürfte in der chancenreichen aber auch ziemlich unsicheren Lebensweise, welche alleinstehende Mädchen in Berlin führen, also in Gründen die sich auf ihre eigene Person zurückführen lassen, das Werden der Prostitution zu suchen sein.

Die Erziehung thut d. h. verwahrlost sehr viel an den Mädchen, welche später Prostituirte werden, aber auf einen Makel ihrer Geburt dürfte ihr späterer Stand nur höchst selten zurückzuführen sein. Während für Berlin also das Verhältniß der Ehelichen zu den Unehelichgeborenen im allgemeinen 1 : 5 ist, kommt eine unter den Prostituirten vorhandene unehelich Geborene im Allgemeinen auf 7 ehelich erzeugte.

Was für die eigentlichen Verbrecherklassen nachgewiesen ist, daß ein großer Zusammenhang zwischen den Verbrechen der Einzelnen und denen ihrer Vorfahren und ihren Familien stattfindet, trifft hier nicht zu.*) Die meisten Prostituirten sind immer aus achtbaren zum Theil sogar wohlhabenden Familien hervorgegangen.

Es liegt in der Prostitution heute nichts Erbliches nichts Kastenartiges wie etwa im Mittelalter. Dieser Theil der gefährlichen Klassen ist deßhalb heut ungefährlicher als früher. Er recrutirt sich aus allen Ständen und Confessionen.

Leider ist es schwer über diese wichtige Angelegenheit des Werdens der Prostituirten statistische Angaben zu sammeln. Doch ist es vielleicht im Lauf der Zeit möglich, nach den Kategorien, die wir für die in den Jahren 1855 und 1856 neu unter Controle getretenen Weiber aufgestellt haben, in Zukunft über alle neu eincontrolirten Mädchen Zahlen zu sammeln.

| Im Jahre | 1855 | 1856 |
|---|---|---|
| traten neu unter Controlle | 296 | 141 |
| A. Davon standen im Alter von | | |
| 15—20 Jahren | 132 | 61 |
| 20—25 „ | 103 | 56 |
| 25—30 „ | 35 | 15 |
| 30—35 „ | 14 | 9 |
| 35—40 „ | 9 | — |
| B. In der Ehe geboren | 242 | 130 |
| In die Ehe aufgenommen | 14 | — |
| Unehelich | 40 | 11 |
| C. Kinder von Männern aus dem Arbeiterstande | 242 | 107 |
| D. Von den Eltern erzogen | 182 | 89 |
| Nur von der Mutter | 59 | 25 |
| Von Verwandten oder Fremden | 26 | 16 |
| Waisenhaus | 29 | 11 |
| E. Pflichtvormund, weil früh verwaist | 114 | 52 |
| Nicht bevormundet gewesen | 182 | — |

| Im Jahre | 1855 | 1856 |
|---|---|---|
| F. In Berlin geboren | 241 | 102 |
| Nicht Berlinerinnen aber domicilirt | 55 | — |
| G. Unverheirathet | 252 | 107 |
| Verheirathet | 23 | 21 |
| Geschieden | 11 | 10 |
| Wittwen | 10 | 3 |
| H. Noch nicht geboren habend | 232 | 112 |
| Außer der Ehe geboren habend | 46 | 21 |
| Ueberhaupt schon Mutter | 64 | 29 |
| J. Mit eigner Wirthschaft | 17 | 29 |
| Bei fremden Leuten | 167 | 89 |
| Bei den Eltern | 98 | 18 |
| Bei Verwandten | 14 | 5 |
| K. Fabrikarbeiterinnen | 73 | — |
| Näherinnen | 62 | — |
| Wäscherinnen, Plätterinnen ꝛc. | 16 | — |
| Handarbeiterinnen | 23 | — |
| Hausarbeiterinnen | 32 | — |
| Dienstmädchen | 22 | — |

Am allerunzuverlässigsten und deshalb von uns auch hier nicht berücksichtigt, sind die Angaben über Confession. Im Allgemeinen stimmen die Procentsätze, welche die evangelischen, katholischen und jüdischen Prostituirten in jedem Jahr austragen, mit

*) v. Valentini: Das Verbrecherthum im preuß. Staat. Leipzig 1869. p. 75—86.

dem bekannten Verhältniß der Confessionen in der Gesammtbevölkerung. Doch geben sich sehr oft Jüdinnen und Katholikinnen als zur Religion der Mehrzahl gehörig aus; unter diesen letzteren aber, unter den angeblich evangelischen Prostituirten, befinden sich die meisten in grenzenloser Unwissenheit über die Lehren ihrer Religion. Von vielen ist gar nicht mit Sicherheit herauszubekommen, ob, wo und wann sie confirmirt wurden!

Von den vierzig unehelich geborenen Prostituirten waren im Jahr 1855 neun gänzlich ohne Kenntniß über Vater oder Mutter, 31 hatten ihren Vater nicht gekannt. Unter den vierzehn Vätern gebildeter Stände, welche sich unter den 242 ehelichen Vätern befanden, wurde 1855 sogar ein Oberbürgermeister genannt, abgesehen von Musikdirectoren, Aerzten 2c.

Von den 64 neueingetretenen Prostituirten, welche im Jahre 1855 bereits Mütter waren, hatten 38 erst einmal, die übrigen mehrfach, zwei aber bereits siebenmal geboren! Auffallend ist jedenfalls die verhältnißmäßig doch immer starke Anzahl derer, welche als verheiratete Frauen unter Controle treten.

Die Laster der Prostituirten erhalten durch diese Zahlen über ihr Werden ihre Erklärung und ebenso die guten Eigenschaften, welche trotz ihrer tiefen Gesunkenheit eine große Anzahl dieser elenden Wesen sich bewahren. Was als äußere Ursache sie oft zu Prostituirten macht, das Leiden, das prägt sich als Grundzug ihres Wesens aus, sobald sie Prostituirte sind. „Das Unglück macht sie zahm und mild." Gutmüthigkeit gehört, wie die polizeilichen Erfahrungen allerorten bewiesen haben, zu den Hauptzügen der Prostituirten. Was ihnen aber durch ihre Beschäftigung gänzlich geraubt wird, ist Selbstachtung und Character. Ihr Treiben ist ein menschenunwürdiges und dennoch ist mit entsetzlicher Frivolität von manchen Seiten in letzter Zeit die Prostitution nicht nur als ein unschädliches sondern sogar als ein ehrenwerthes Gewerbe hingestellt worden! Da ist denn kein Wunder, daß die wichtigste Ursache, durch welche die Prostitution entsteht, nämlich die Absicht des Prostituirens auf Seiten eines großen Theils der Männer, stärker um sich greift als die Gründe, welche die Frauen zur Prostitution geneigt machen.

Es wirken bei jedem Acte der Prostitution immer zwei Willen zusammen, von denen nach gegenwärtigem Stande unserer Cultur und Gesetzgebung nur der eine, der des prostituirten Weibes, als den Einwirkungen der Staatsgewalt zugänglich erscheint. Auch von der Untersuchung werden meist nur die Gründe in Betracht gezogen, welche ein Weib bestimmen sich prostituiren zu lassen.

So wird im Allgemeinen auf die weiblichen Erwerbsverhältnisse hingewiesen, der geringe Tagelohn (im Jahr 1855 für Frauenarbeit in Berlin allerdings nicht mehr als 5 Sgr.) zeitweiser Stillstand in den Fabrikationszweigen, soll die Arbeiterinnen der Prostitution zutreiben. Vertheuerung der kleinen und mittleren Wohnungen soll die Familien veranlassen, ihre Töchter dazu anzuhalten.

Allein wenn es schon unzweckmäßig ist und zu Widersprüchen führt, die bestehenden Wirthschaftszustände rein aus wirthschaftlichen Gründen ableiten zn wollen, so trifft eine derartige Unzweckmäßigkeit bei einer socialen Erscheinung noch mehr zu. Als wirthschaftliche Thätigkeit kann die Prostitution unmöglich gelten, sie fällt in dieselbe Categorie wie der von ihr nur quantitativ nicht qualitativ verschiedene Erwerb des Räubers, des Diebes, des Betrügers, des Bettlers. Alle diese Thätigkeiten sind weit weniger Schäden für die Volkswirthschaft, als sie vielmehr sociale Uebel sind und nicht so sehr gegen die Regel des menschlichen Erwerbens als gegen die des menschlichen Zusammenlebens verstoßen. Die Prostitution am allerwenigsten kann nach ihrer Entstehung aus der Volkswirthschaft erklärt werden. Wenn Bastiat sich von dem Zunehmen der utilité gratuite die fortschreitende Besserung der sittlichen Zustände verspricht, so muß man doch fragen, warum gerade in den großen Städten, wo der „umsonst dargebotene Nutzen" doch am stärksten auftritt, ebenso das Preisgeben für Geld stärker auftritt als anderswo. Aus der Lage der arbeitenden Klassen (vergl. Pr. Jahrbuch für Statistik Bd. II. 1857) kann die Prostitution niemals unmittelbar sondern immer erst durch ein ethisches Medium in Verbindung gebracht werden. — „Arm" ist nicht „schlecht."

Auch ihr unbestreitbarer Zusammenhang mit den Populationsverhältnissen, den Roscher nachgewiesen hat, läßt sich nur für große Epochen in Betracht ziehen. Handelt es sich um die letzten 18 Jahre in Berlins Entwicklung, so sind dagegen die auf unserer moralischen (oder unmoralischen?) Cultur beruhenden Gründe der Prostitution nicht zu verkennen.

Die Prostitution umfaßt in ihrem System außer den Prostituirten auch die Prostituirenden und alle, welche auf den Act der Prostitution lockend oder befördernd hinwirken. Wer könnte so thöricht sein, dabei nur an die materielle Art der Kuppelei zu denken! Das kennzeichnende für die Prostitutionszustände von 1852—1869 ist jene geistige Art des Kuppelns, welche sich von Paris aus während des zweiten Kaiserreichs über die Welt verbreitet hat. Da sind die Nuditäten, welche seit dem avénement des aventurier vom 2. Dezember in erschreckender Fülle die Pariser Kunstausstellung jährlich überschwemmten und von deutschen Künstlern nachgeahmt wurden, da sind die Romane eines Dumas, Houssaye, Roqueplan und andere derartige Productionen auf belletristischem Gebiet, die Librettos und die Musik zu Offenbachs Operetten, die Chansonetten von Theresa durch Finette und Antoinette nach Berlin verpflanzt und wohl nicht am wenigsten der Cancan, der zuletzt vor Ausbruch des französischen Krieges dem Berliner Volke fast auf zwanzig Bühnen geboten wurde, nachdem sein erstes vielfach perhorrescirtes Auftreten in einem Berliner Theater 1864 erfolgt war. Diese geistige Kuppelei ist eine Hauptursache für die Berliner Prostitution gewesen, mögen deren Ziffern in den letzten 18 Jahren nun verhältnißmäßig größer oder geringer als früher in Berlin gewesen sein.

In einem englischen Werke über die Ursachen des Verbrechens*) ist nachgewiesen, daß von dem Tage an, wo die Mysterienlitteratur, namentlich die Romane von Sue in schlechten Uebersetzungen sich über England zu verbreiten anfing, die Vergehen gegen die Sittlichkeit und die Verbrechen auffallend zunahmen. Sollte es hier anders sein? Die Beschäftigung mit geschlechtlichen Gedanken auf ein Minimum zu reduciren wie es doch im Sinne der wahrhaft moralischen Cultur liegt, ist von jenen Afterkunstgebilden, die sich seit 1852 von Paris aus nach hier verbreiteten, stark vereitelt worden. Und wenn wir alle diese für das Werden der Prostitution so günstig wirkenden Gründe zusammenrechnen, so müssen wir über den sittlichen Grundzng unseres Nationalcharacters staunen, der ihnen keine größere Wirksamkeit als die bis 1870 geäußerte erlaubt hat.

## 6. Das Gewerbe und die Zuhälter.

Was aus den einzelnen Prostituirten wird, ist schwer zu sagen. Die Lebensberufe, in welche sie übergehn, sind durch das vortreffliche Buch: „Die Berliner Prostitution" skizzirt worden. Im Allgemeinen kann man wohl sagen, daß dies klägliche Gewerbe einen volkswirthschaftlich rein negativen Erwerb gewährt, denn überall tritt die Wahrnehmung hervor, daß auch in der glänzendsten „Geschäftszeit" die Prostituirten immer mit Schulden belastet und ohne baares Geld sind. Auch hat die Prostitution heut in höherem Grade als früher den Character eines vorübergehenden Beschäftigungsstandes angenommen. Nur sehr wenige Dirnen sterben während der Zeit, die sie unter Polizeicontrole zubringen, also gewissermaßen in Ausübung ihres Berufes; wenige verheiraten sich in dieser Zeit.

---

*) Joseph Kingsmill, Kaplan des Pentonville-Gefängnisses in London: Chapters on Prisons and Prisoners and the Prevention of Crime. London 1854. 8°.

Auf die am Jahresschluß übrigen

| | | | | | |
|---|---|---|---|---|---|
| 1447 | Dirnen | 1867 | starben 14, | verheirateten | sich 36 |
| 1625 | „ | 1868 | „ 14, | „ | „ 20 |
| 1776 | „ | 1869 | „ 16, | „ | „ 33 |

Doch sind diese Ehen zum Theil nichts als Louisheiraten, welche an der Beschäftigung der Frau nichts ändern.

Sehr viele treten wegen Dienst- oder Arbeitsannahme aus der Controle, wenn sie aus derselben scheiden; allerdings nicht immer verhältnißmäßig soviel wie 1855, wo von 255 absichtlich gestrichenen 217 aus diesen Gründen dispensirt wurden. Ein beträchtlicher Theil wird von Eltern und Vormündern reclamirt und unbestritten werden nicht wenige, sobald ihnen eine hilfreiche Hand geboten wird, dem moralischen Lebenswandel wiedergegeben. Die Prostitution wirkt übersättigend und es handelt sich für sehr viele Dirnen nicht darum, ob sie aus diesem Stande wieder heraus wollen, sondern ob sie aus ihm heraus können.

Ein Theil der Prostituirten geht wegen Vergehen oder Verbrechen in die Gefängnisse über, doch im Verhältniß auch nur eine geringe Anzahl: 1867: 20, 1868: 21, 1869: 22; denn im Allgemeinen dient, wie der Polizeibericht für 1867 hervorhebt, die Prostitution zum Schutze des Eigenthums, indem ein Uebel das andere verdrängt und kommen unter den Arbeiterinnen und Dienstmädchen verhältnißmäßig mehr Diebstähle vor als unter den Prostituirten.

Dagegen hängt sich eine ganze Menge, statistisch freilich in keiner Beziehung zu fixiren, von ausgebildeten oder in der Ausbildung begriffenen männlichen Verbrechern an die Prostituirten. Die „Louis“ werden zuerst im Sittenpolizeibericht von 1860 erwähnt als „arbeitsscheue meist bestrafte junge Männer, welche als Liebhaber prostituirter Frauenspersonen auftreten und einen psychologisch bedeutsamen Einfluß auf diese ausüben.“ Sie vergeuden den größten Theil des Erwerbes derselben, halten sie mit Zwang unter Androhung körperlicher Mißhandlungen zur Unzucht an, wogegen sie sich den Beamten gegenüber als Schützer („Bräutigam“) geriren und die Mädchen mit dem Stocke (oder mit dem Messer) in der Hand da vertreten, wo dieselben mit den „Kunden“ etwa wegen der Bezahlung in Streit gerathen. Es lagen schon im Jahr 1860 Beispiele vor, wo solche Frauenzimmer, um den Drohungen und Mißhandlungen dieser Louis zu entgehen, den Antrag gestellt haben, ihre Unterbringung in das Magdalenenstift ihnen zu erwirken, doch auch hier haben die Zuhalter ihr Uebergewicht auf die Frauenspersonen so geltend gemacht, daß letztere aus dem Stifte entflohen um sich von neuem der Prostitution zu ergeben. Beamte durften es schon damals nur in größerer Anzahl vereinigt unternehmen, sich in die neugebauten Straßen zu begeben, welche als eigentliche Louisquartiere schon damals galten, denn die Louis sind zahlreich. Die Zahl der unter Polizeiaufsicht*) stehenden männlichen Personen beträgt in Berlin immer weit über 1000, doch befinden sich Louis nur zum kleinen Theil unter denselben. Im Allgemeinen läßt sich wohl sagen, daß die Anzahl der Louis, die ihr Gewerbe zum Theil als Nebenbeschäftigung ausüben, dem vierten Theil der Berliner Prostituirten gleichkommt, und daß es 4000 lockerer oder enger mit der Prostitution als Schützer und Vermittler zusammenhängende männliche Personen in Berlin giebt. Wenngleich auch die sogenannten „feineren Mädchen“, welche sich keinen Louis halten, namentlich durch die Buhlerkünste, mit denen sie wohlhabende Jünglinge ausbeuten, (Eheversprechen 2c.) einem großen Theil unseres Bürgerthums Grund zu gerechten Klagen geben, so ist doch unstreitig die übelste Folge unseres socialen Deficits: das bereits mit den namhaftesten Verbrechen (Grothe!) verknüpfte Louiswesen.

---

*) Gesetz vom 12. Februar 1850.

| | Männer. | Weiber. |
|---|---|---|
| 1863: | 1054 | 434 |
| 1864: | 1049 | 417 |

## 7. Bordelle oder Einzeldirnen?

Ein großer Theil der am schlimmsten betroffenen Berliner fragt nun eben, wo soll das hinaus? was soll aus den bisherigen schon fast „unerträglich" scheinenden Zuständen werden?

Als bequemste Antwort bietet sich einem Theil unserer Mitbürger ein oft gehörtes Wort: „Bordelle." Freilich möchte keiner von denen, die so rufen, ein Bordell in seiner Nähe haben, aber das hindert nicht, daß in letzter Zeit mehr als Ein Gesuch, welches sich auf die versprochene Unterstützung von Berliner Capitalisten basirte, um Concessionirung von Bordellen eingegangen ist. Auch die Presse hat nicht unterlassen, diese Bordellidee zu ventiliren. Gegenüber der charactervollen Denkschrift des Missionsausschusses über „die öffentliche Sittenlosigkeit" ist eine nicht ohne Geist geschriebene Entgegnung erschienen, welche die Bordellinstitution in eifrigen Schutz nimmt; und auch von durchaus ehrenwerther Seite ist die Einrichtung von Bordellen in guter Absicht gefordert worden, damit dem „Prostitutionsunwesen" Einhalt geschehe.*)

Allein es ist keinem Zweifel unterworfen, daß die Wiedereinführung von Bordellen ein bedeutender Rückschritt wäre. Die Principien der Moralität und der bloßen Utilität haben fünfundvierzig Jahre lang mit einander in Berlin über Abschaffung oder Beibehaltung der Bordelle gerungen. Endlich kam im Jahre 1856, nachdem schon von 1846—1850 die Bordelle vorübergehend aufgehoben waren, der wahrhaft sittliche und staatsmännische Grundsatz zur Geltung, welchen Robert von Mohl (Polizeiwissenschaft 3. Auflage 1866 p. 623—625) wohl für immer wissenschaftliche Geltung verschafft hat: Duldung oder gar polizeiliche Ordnung von Bordellen ist des modernen Staates unwürdig.

Wesentlich medicinische Autoritäten sind es, welche eine „Kasernirung der Prostitution" mit Nachdruck vertheidigen.**) Allein es läßt sich nicht absehen, warum die medicinischen Präservative gegen Syphilis, welche jene Herrn empfehlen, nicht auch bei einer controlirten Einzelprostitution in Anwendung kommen sollen. Das Princip der Kasernirung tritt vor dem des Einzelquartiers gegenwärtig auf verschiedenstem Gebiete zurück, warum es für diesen Zweig des socialen Lebens neu in Kraft setzen? Gesetzt es hätte medicinische Vorzüge vor den der Einzelcontrole, so hat es ganz sicher um so größere Nachtheile für die moralischen Zustände, sowohl der prostituirten Mädchen als der prostituirenden Männerwelt.

Zunächst für die erstere. Wie auch der letzte Funke von Scham und Selbstachtung in den Bordelldirnen erstickt wird, sobald sie kasernirt sind, ist durch unzweifelhafte Zeugnisse von allen Weltgegenden dargethan. Zuletzt hat Schlesinger in seinem Schriftchen über die Pariser Prostitution darauf hingewiesen.

Auch die Prostituirten wissen das. Sie haben es gehört oder sie ahnen es, daß sie nicht nur von den besuchenden Männern sondern auch von ihren Colleginnen und vor allem von dem Bordellwirthe nicht als Menschen sondern geradewegs als Sachen als Sclavinnen behandelt werden. Bordelle sind darum niemals zahlreich, nur wiederum der Auswurf der großen Classe Verworfener findet sich in ihnen zusammen.

Ueber die Berliner Bordelle wurde zum letztenmal 1855 ein Jahresbericht erstattet. Das Maximum der Bordelldirnen betrug in diesem Jahr 248, das Minimum 216, die Zunahme der Zahl erfolgte in den Sommermonaten. Der Wechsel war sehr stark. Es schieden 154 Mädchen aus, davon 16 wegen Schwangerschaft; es traten 169 neu ein, von denen nur 10 aus Berlin waren, 29 aber der katho-

*) Cfr. Die Prostitution von Berlin, Berlin 1856. Litteratur- und Kunstcomptoir. Ferner: 1870. Neujahrsgabe in acht Gesängen von Carl Heinzelmann. Eydtkuhnen, 1870.

**) Vgl. Carl Reclam: Die Ueberwachung der Prostitution in „Zeitschrift für öffentliche Gesundheitspflege. 1869. I. p. 379—385. — Jearrel: Die Prostitution, übersetzt von Müller.

lischen Confession angehörten. Das Alter der meisten Bordelldirnen betrug nicht weniger als 26 bis 28 Jahre.

1856 am 1. Juli kam der Befehl, alle nicht in Berlin einheimischen oder Domicil erworben habenden Mädchen bis zum Ende des Monats fortzuschaffen. Es verringerte sich in Folge dessen die Zahl derselben ganz enorm; während am 1. Juni noch 234 Dirnen in den „geduldeten Häusern“ gewesen waren, fanden sich nach Abschaffung des unwürdigen Menschenhandels — denn anders ist die Einfuhr fremder Bordelldirnen in eine Großstadt nicht zu nennen — am 1. December 1856 nur noch 49 Mädchen vor. Diese wurden am Ende des Jahres, um einen Uebergang zum jetzigen System der Einzelprostitution herbeizuführen, in die sogenannten „Schlafstellen“ vertheilt und die Bordelle geschlossen.

Die Bordelldirnen waren in der Regel sämmtlich auf dem tiefsten Boden der moralischen Verwahrlosung angelangt. Während im Jahr 1868 427 Dirnen wegen Eintritt in ein Dienst- oder Arbeitsverhältniß aus der Controle entlassen werden konnten und 1625 Dirnen am Schluß des Jahres zurückblieben, im Jahr 1869 aber 354 auf 1776 verbleibende, fanden sich im Jahre 1854, wie ein Bericht vom 15. Februar 1855 meldet, nur drei Bordellmädchen vor, die bereit waren einen ehrlichen Erwerb aufzunehmen, 261 blieben in den Bordellen zurück. Also während von den Einzelprostituirten immer etwas mehr oder weniger als der vierte Theil jährlich sich geneigt zeigt in regelmäßige Lebensverhältnisse wieder einzutreten, fand sich nur der hundertste Theil der Bordelldirnen zu solchem Entschlusse willig. In der Regel aber hatten diese Besserungsversuche bei diesen entwürdigten Geschöpfen gar keinen Erfolg. Von den in das Magdalenenstift aufgenommenen Bordelldirnen wird berichtet, daß sie sämmtlich rückfällig geworden seien.

Die Wiedereinführung von Bordellen würde ferner die Unsittlichkeit, welche in Berlin schon jetzt unter den gegebenen socialen Zuständen herrscht, noch bedeutend vermehren — für das männliche Geschlecht aus Gründen, die so evident sind, daß sie keiner weiteren Erläuterung bedürfen. Namentlich das Vorurtheil wegen größerer Ungefährlichkeit, der Anblick privilegirter Stätten der Unsittlichkeit würden vielen jungen Leuten die physischen und moralischen Bedenken nehmen, welche sie vom Umgang mit Prostituirten abhalten. Der prostituirende Jüngling hält sein Risico jetzt für größer, als er es bei Bestand von Bordellen halten würde, und das ist gut, denn: Plus de risque — moins de danger!

Vor allem aber würde der Zweck, welchen ernsthafte Leute bei dem Verlangen nach Wiedereinführung der Bordelle im Auge haben, doch nicht erreicht. Bordelle tragen zu einer Verbesserung des Gesundheitszustandes nichts oder in keinem Fall etwas Erhebliches bei, aus dem einfachen Umstande, weil immer nur ein kleiner Theil der prostituirten Weiber sich in denselben aufhalten wird.

Zunächst haben wir keine gesetzlichen Bestimmungen, welche den Staat berechtigen könnten, alle prostituirten Frauenzimmer zum Eintritt in ein Bordell zu zwingen. Wenn wir aber auch dergleichen Gesetze hätten, die ja gänzlich gegen das unsere Legislation beherrschende Princip verstoßen würden: so könnte doch niemals in Wahrheit die ganze Prostitution in den Bordellen zusammengedrängt sein, weil sich „die ganze Prostitution“ niemals von der Polizei ermitteln läßt. Jedes noch irgend wie selbständige, der Prostitution angehörende Frauenzimmer wird sich bis aufs Blut wehren vor dem Eintritt in ein Bordell, denn unter allen Prostituirten gilt ein solches Institut als Vorspiel der Hölle. Und gesetzt der Staat findet es mit seiner Würde verträglich, diese Anstalten einzurichten und gewissermaßen als Gefängnisse für die in Ausübung ihres Gewerbes begriffenen Prostituirten einzurichten — nun um so weniger werden die Prostituirenden geneigt sein, derartige Anstalten zu besuchen und dadurch im Betriebe zu erhalten und um somehr wird jede Prostituirte wissen ihre Eigenschaft der Staatsgewalt zu verheimlichen. Sie wird hierbei von einem großen Theil der Prostituirenden unterstützt werden.

Eine obligatorische Einschränkung der Prostitution auf die Bordelle ist unmöglich, eine facultative Zulassung der Prostituirten in Bordelle ist aber sowohl für die Gesundheitspflege, als für die öffentliche Sittlichkeit vollkommen irrelevant. Ueberall, wo Bordelle bestehen, ist nur ein kleiner Bruchtheil der Prostituirten in denselben vorfindlich. So vor allem in Kopenhagen, wo man das Princip geltend machen will, alle Prostituirten seien zum Eintritt in die Bordelle anzuhalten.

Parent-Duchatelet und alle die nach ihm über die pariser Prostitution geschrieben haben (Fregier, Schlesinger, Ducamp) zeigen uns, daß nicht viel mehr als der zehnte Theil der pariser Prostituirten sich in den pariser Bordellen vorfindet, trotz aller erdenklichen Pflege, welche die Polizei auf diese maisons de tolérance verwendet.

Von New-York gilt ein ähnliches Verhältniß. Während in dieser Stadt allermindestens 20,000 bis 30,000 Prostituirte leben, fanden sich in den 591 Bordellen, welche New-York am 24. Januar 1864 zählte, nur 2123 Dirnen und in den 621 Bordellen, welche die Stadt am 22. Januar 1866 zählte, nur 2670 Mädchen, wie der Superintendent of Metropolitan Police in dem Buche The Secrets of the Great City, New-York 1870 auf Seite 284 selber angiebt.

Von den deutschen Städten, in welchen Bordelle bestehen, gilt ganz das Gleiche.

Im Dienste der Prostitution standen zu Frankfurt a. M. im Jahr 1861 zur Zeit der Zollvereins-Volkszählung 32 Pensionärinnen der öffentlichen Häuser. Sämmtliche Mädchen waren Fremde. Als Inhaber von Bordellen waren 3 männliche und 1 weibliche Personen mit zusammen 9 (fremden) Dienstboten, unter denen 8 weibliche Aufwärterinnen, eingetragen.*)

In Hamburg gab es sechs Jahr später am 3. December 1867: 96 männliche und 89 weibliche Bordellinhaber mit 12 männlichen und 872 weiblichen „Gehülfen." **) Da unter den letzteren die eigentlichen Prostituirten in runder Zahl von 800 zu suchen sind, die Zahl der Bordelle aber 186 beträgt, so kamen auf jedes öffentliche Haus im Durchschnitt ungefähr etwas über 4 Prostitution treibende Dirnen.

Jedermann wird sich sagen, daß 32 Bordelldirnen das Bedürfniß nach Unsittlichkeit, welches eine Stadt von 75,930 Einwohnern, wie Frankfurt im Jahre 1861 notorischerweise zu äußern pflegt, nicht befriedigen konnten und eben so wenig genügen die 800 Pensionärinnen der öffentlicheu Häuser in Hamburg dem zügellosen Triebe einer Stadt, welche am 3. December d. h. zur Zeit niedrigsten Bevölkerungsstandes im Jahre 1867 eine Einwohnerzahl von 220,920 aufwies. Und dort die Fremden!

Die Hauptsache ist die, daß da, wo Bordelle bestehen, die nicht internirte Prostitution den Augen der Polizei weit leichter entgeht als dort, wo nur Einzeldirnen geduldet werden. Und weiter, wenn man jetzt über das Orpheum und derartige Stätten der Unsittlichkeit mit Recht klagt, so werden dieselben nach Einführung von Bordellen doch fortbestehen und vielleicht in schlimmerer Form, denn Bordelle ziehen die Gesammthaltung der Prostitution in einer großen Stadt bedeutend herunter. Man wird ein Uebel durch ein anderes vermehrt haben.

Gegenüber jenen Behauptungen, daß durch Bordelle die Sittlichkeit gefördert werde,***) ist die langjährige Erfahrung aller jener Städte zu stellen, welche Bordelle besitzen. Für Berlin wäre die Wiedereinführung dieser Institution der rechte Anstoß des Verderbens. Auch für die civilrechtlichen Zustände der Dirnen ist sie vom größten Nachtheil, denn sind dieselben jetzt schuldenbelastet, so kommen sie aus dem Bordell niemals heraus, weil ihnen, wie auch der Kämpe der Bordelle in seiner letzten Hamburger Schrift pag. 21. ff. nachweist, es niemals gelingt, die Schuld abzutragen, mit der sie in das Bordell eintreten. Treiben Prostituirte ihr Gewerbe, so schaden sie sich und den sich mit ihnen einlassenden Männern in weit geringerem Grade, als wenn sie sich in der Hand von privilegirten Kupplern befinden. Die Kuppler — und

*) Beiträge zur Statistik der freien Stadt Frankfurt. 1863. I. Bd., fünftes Heft, p. 52. 53.
**) Statistik des Hamburgischen Staats. 1869. Heft II., p. 42. 43.
***) Jearrel: Die Prostitution großer Städte; übersetzt von Müller.

etwas anderes sind die Bordellwirthe nicht — treiben und lernen die Mädchen zur Unzucht erst recht an, sie geben ihnen Anleitung, wie sie die Männer anzulocken, zu verführen und dieselben nicht allein durch Erregung sinnlicher Lust, sondern auch durch Erforschung von Familienverhältnissen und demnächstigen Drohungen auszubeuten haben. In Summa, Bordelle dienen dazu, die unsittlichen Eigenschaften, welche bei Einzelprostituirten gewöhnlich nur im Keimzustande bleiben, mit consequenter Virtuosität bis zum äußersten Grade geschlechtlicher und sonstiger Verworfenheit zu entwickeln.

Die Bordelle sind, wo sie sind, moderne Ergastulen. In der Prostitution liegt ohne Zweifel überall das Princip, daß um des Wohlbehagens des einen (männlichen) Individuums das andere (weibliche) zu physischem und moralischem Unglück verdammt sein müsse. Aber erst durch Bordelle wird dieser Grundsatz in seiner ganzen Härte verwirklicht; denn erst hier wird der modernen Sklavin jede Möglichkeit der Wahl, die ihr in ihrem Unglück sonst noch offen bliebe, abgeschnitten.

Bordelle stehen mit dem Dogma von der Willensfreiheit des Individuums, welches die Grundlage aller modernen Institutionen bildet, in Widerspruch. Es kann von Duldung oder gar Billigung, die ihnen der deutsche Staat zu gewähren hätte, keine Rede sein. Das Louiswesen würde durch sie am allerwenigsten erstickt, die Bordelle sind ja geradezu überall Pflanzschulen dieses Unwesens. Bordelle sind nicht einmal ihrer Absicht nach geeignet, irgend etwas zur Verminderung der Prostitution zu thun. Gesetzt auch es könnte, was unmöglich, durch sie die Einzelprostitution verdrängt werden, so würden die gewaltigen lockenden und zwingenden Mächte, welche heute Weiber der Prostitution in die Arme treiben, doch ungeschwächt fortdauern. Das Beispiel der Prostitution, welches man jetzt als von so übler Wirkung auf unverdorbene Mädchen schildert, dauert ja doch nur in verstärktem Maße fort, wenn die Prostitution aus einzelnen Zimmern in ganze Häuser verlegt wird. Wer Bordelle empfiehlt, will überhaupt im günstigsten Fall nur einen Schleier über diese Eiterbeule unserer Gesellschaft decken, an Heilung ist dabei kein Gedanke.

Im schärfsten Gegensatze zu dieser Anschauung steht deßhalb die mehrfach vertretene Idee, welche vom Staat eine Radicalcur des Uebels mit Eisen und Feuer verlangt. Allein über derartige Versuche hat die Geschichte gerichtet. Die grausamen Strafen, welche so massenhaft im Mittelalter bis zum 18. Jahrhundert an den unerlaubte Prostitution treibenden Mädchen sowie an ihrem Anhang vollzogen wurden, haben niemals ein Resultat gehabt. Denn der Staat kann mit criminalistischem Eingreifen (und ein anderes ist hier kaum möglich) immer nur die Symptome, nicht die Ursachen des Uebels erfassen.

Im französischen Senat wurde 1865 auf Grund einer Petition über die gegen die Verbreitung der Prostitution anzuwendenden Mittel discutirt. Die betreffende Petition enthielt nach Schilderung der den Berlinischen ziemlich conformen Sittenzustände den Antrag durch ein Gesetz:

1) die Prostitution für immer als in Frankreich verboten zu erklären (supprimée).

2) jedermann zu bestrafen, der prostituirten Frauenzimmern Wohnung gewähre.

Gegenüber diesem Antrage, der die Tendenz verfolgte, durch Strafgesetz und Verwaltungsmaßregel die Sitten zu bessern, suchte der Generalprocurator und Senator Dupin darzuthun, daß das Niveau der Prostitution von der Gesellschaft geschaffen sei und durch das Eingreifen mit gewaltsamen Mitteln nicht alternirt werden könne. Auch die Berliner Diöcesansynode sprach sich gegenüber dem Auftreten des Predigers Herrn Orth, der gegen die Prostitution Anwendung der Peitsche verlangte, im Sinne des biblischen Wortes aus. Joh. 8. Die betreffende Debatte vom April 1870 wurde zu dem Beschluß zusammengefaßt, es solle die für die Prostitutionsfrage bisher thätige Kommission auch ferner einen Mittelpunkt für die Berathung dieser Sache bilden, es sollen die von ihr zusammengestellten Sätze in allen Gemeindekirchenräthen der Diöcese berathen und die Mitglieder der Kommission über die Resultate dieser Berathung bis zum 1. December 1870 schriftlich in Kenntniß gesetzt werden. Namentlich die mehrfach beantragte Ausweisung der Prostituirten von Gemeinde zu Gemeinde hat überall üble Folgen ergeben, wie z. B. in Bayern. Die Prostituirten werden durch dies Verfahren gründlich verschlechtert, die Gesammtheit gewinnt nichts dabei, wenn mit dem Uebel nur Ortsveränderungen vorgenommen werden.

## 8. Der Staat und die Prostitution.

Der Staat kann keine Radicalmittel gegen die Prostitution anwenden, nur die Gesellschaft kann dies im Lauf der Zeit, wenn überhaupt möglich. Die Aufgabe der organisirten Gesammtkräfte geht gegenüber einem socialen Deficit, welches nur von innen heraus gebessert werden kann, lediglich auf Palliative, denn nicht der Staat hat dies Uebel geschaffen oder verschuldet; nur selten vergrößert er es!

Das Verschwinden des selbstständigen Mittelstandes beruht auf einigen Bedingungen des modernen Industriesystems. Es ist eine Thatsache; mit der schroffer werdenden Scheidung von Reich und Arm vermehrt sich natürlich der absolute und der relative Procentsatz von einander gegenüberstehenden wohlhabenden Cölibatären und genußsüchtigen Proletarierinnen, der Procentsatz derjenigen beiden Klassen, welche, wenn sie auch keineswegs ausschließlich zur Forterhaltung der Prostitution beitragen, dennoch diesem Uebelstande in seinem eigentlichen Begriff Entstehung geben. Verwaltungsmaßnahmen und Gesetze, auch wenn sie noch so strenge sind, werden jenen beiden Faktoren ihr Product, die Prostitution, um so weniger schmälern können, als dieses Vergehen den Grundsätzen unserer Zeit nach bei dem Manne niemals verfolgt wird. Auch die nach gemeinrechtlichen Grundsätzen mögliche Bestrafung wegen Stuprum war doch nur in den Fällen zulässig, wo die von der Polizei für die Prostitution gegebenen Anordnungsmaßregeln übertreten wurden, heut ist sie zudem obsolet oder ausdrücklich abgeschafft.

Da also die Prostituirenden polizeilich und gerichtlich nicht faßbar sind, können die Aufgaben, welche der inneren Politik in Bezug auf Prostitution obliegen, nur palliativer Art sein. Es kommt darauf an, jener forcirten Vermehrung der Prostitution entgegenzuwirken, welche diese durch Gelegenheitsmacher aller Art erhält und an der die Gesellschaft im Ganzen keinen Antheil hat; zweitens das äußere Auftreten der Prostituirten zu überwachen und endlich der in unläugbarem Zusammenhang mit der Prostitution stehenden Syphilis entgegenzuwirken.

Ein gänzliches Gehenlassen der Verhältnisse, wie sie sind, ist eben gleichfalls unmöglich. Nicht einmal in England kommt in dieser Beziehung das Laisser faire zur Geltung. Die Debatte des Unterhauses vom 26. Mai 1870 zeigte, trotzdem sie geheim war (ein seit 1849 unerhörter Fall), schon durch ihr Stattfinden, daß man auch dort die Sache sehr ernst nimmt.

Die Prostitution wird stets mit der sittlichen Anschauungsweise des Volkes auf gleichem Niveau stehen. Kann derselben auch in dem auf sittlicher Grundlage beruhenden Staate keinerlei Berechtigung zugestanden werden, so ist doch auf der andern Seite das Factum anzuerkennen, daß der Uebelstand in eben dem Maße vorhanden ist, als die sich über ihn beklagende Gesellschaft ihn selbst erzeugt. Der Antheil des Einzelnen an dieser allgemeinen Schuld, dasjenige Bruchtheil des großen Deficits unserer socialen Zustände, welches auf den Einzelnen zurückfällt, ist verhältnißmäßig gering, und dennoch ist das einzige Mittel zur Abhülfe die Theilnahme jedes Einzelnen an einer Verhinderung des weiteren Umsichgreifens der Prostitution, namentlich dadurch, daß der Staatsgewalt, wenn sie im Einklang mit den Interessen der Gesellschaft nach ihren hier oft unzureichenden Kräften vorgeht, möglichst Vorschub geleistet wird.

Um der Prostitution, als System betrachtet, d. h. nicht den Prostituirten allein, sondern ihrem ganzen Anhange entgegenzutreten, hat die Behörde zunächst kaum einen andern Anhalt, als die Bestimmungen des Strafgesetzbuches. Das geltende Strafgesetz aber ist als Ausdruck der sittlichen Anschauungsweise des Volkes anzusehen. Allerdings wird bei jedem Gesetz dessen volle Anwendung vorausgesetzt, aber bei den heimlichsten aller Vergehen, bei denen gegen die Sittlichkeit, trifft die Executivbehörde oft auf den Widerstand der Privatpersonen. Eine Mitwirkung des Einzelnen in dieser Beziehung ist aber nicht sobald vorauszusehen.

Das Berliner System der Prostitutionsüberwachung, welches wegen seiner relativen Vollkommenheit als zweckentsprechend auch von auswärtigen Polizeibehörden vielfache Beachtung findet, basirt darauf, daß prostitutionsverdächtige Frauenzimmer verwarnt werden und das betreffende Protokoll unterzeichnen. Um jedoch eine Person unter Controle zu stellen, d. h. sie als notorisch prostituirt zu erklären, ist erforderlich entweder

1) eine gerichtliche Verurtheilung aus § 146 des preußischen Strafgesetzbuches, oder

2) die Ueberführung des Prostitutionsverdachtes in Gewißheit durch mehrmalige Verhaftungen wegen nächtlichen Umhertreibens, oder

3) ein eigenes offenes Geständniß, wie es oft von Frauenzimmern abgelegt wird, die mit der Polizei noch nie in Berührung gestanden haben, sondern freiwillig kommen, um sich zu stellen.

Ohne Zweifel ist das Verfahren gegen die Prostituirten in Berlin ebenso der Möglichkeit nach bessernd, als in Wirklichkeit schonend. Was an guten Eigenschaften, namentlich von Schamhaftigkeit und Selbstachtung in ihnen geblieben ist, wird hier gewiß nicht unterdrückt.

Mit einem Korbe am Arm oder mit einer Rolle Zeug in der Hand stellen die meisten dieser Unglücklichen sich zur Controle. Oft haben sie die Rosen der Schwindsucht auf den Wangen. Die einen in Sammt und Seide, mit Gold behangen und mit Brillanten besteckt, strahlend in Jugend und oft auch in Schönheit. Die andern dürftig gekleidet, die Spuren der Jahre und der Noth im Ausdruck ihres Gesichtes ausgeprägt.

Alle aber tragen den einen Zug des moralischen Leidens an sich, der hier nur selten durch jene Frechheit verdeckt wird, welche in den Städten mit Bordellen durchgehends aufgezogen wird.

Nur der Mutter oder den Schwestern wird Auskunft ertheilt, ob und in welcher Art eine Person unter sittenpolizeiliche Aufsicht gestellt ist.

Mit Dispensationen wird nicht engherzig verfahren und man kann im Ganzen nur sagen, daß das in Berlin befolgte System der Prostitutionsüberwachung für eine Besserung der betreffenden Individuen die meisten Chancen läßt.

Man tadelt dasselbe deshalb, weil es durch Inscription, Ueberwachung und ärztliche Untersuchung die Prostitution anerkenne und bestehen lasse, damit aber durch eventuelle Bestrafung des zur Cognition gelangenden Prostitutionsaktes in Widerspruch sich befinde.

Hierauf hat ein berufener Verfasser*) in einer trefflichen Darlegung bereits geantwortet: Die Prostituirten werden controlirt, nicht damit sie sich preisgeben dürfen, sondern weil sie gegen die Sittlichkeit verstoßen. Sie durch Einsperrung gänzlich der Welt zu entziehen, geht nicht an, man wird sich also mit Bestrafung einzelner flagranter Akte zu begnügen haben.

Während das Gericht in solchen Fällen ein Strafminimum von sechs Wochen Gefängniß in der Regel aussprechen würde, giebt die Polizei nur 1, 2, 3 oder 7 Tage Administrativhaft, welche nicht als Strafe angesehen wird.

Eine Ueberweisung aller Prostitutionsvergehen an die Gerichte, Abschaffung also des sittenpolizeilichen Amtes, würde kein anderes Ergebniß haben, als daß in einzelnen Fällen eclatante Strafen für gewerbsmäßige Unzucht ausgesprochen würden, wie es in einigen kleinen Städten auch wirklich der Fall gewesen ist,**) daß aber die Mehrzahl der Fälle gänzlich straflos ausginge.

In Erwägung dieser Wahrscheinlichkeit haben die Verfasser des norddeutschen

*) Cfr. Gustav Sentzke: Die Prostitution. Berlin, 1867.

**) Allerdings vollkommen gesetzmäßig und in Einklang mit einem Obertribunalserkenntniß. (Just.-Min.-Blatt 1853 No. 30.)

Strafrechtes die Bestimmungen über Prostitution gäazlich in die Hände der Polizei gelegt: „Mit Haft wird bestraft ..... eine Weibsperson, welche polizeilichen Anordnungen zuwider gewerbsmäßige Unzucht treibt",*) so daß die den Anordnungen der Polizei gemäße Prostitution straflos bleibt, was allerdings nach einem Erkenntniß des Stadtgerichtes zu Frankfurt a. M. vom 1. Juni 1870 auch schon nach dem preußischen Strafgesetze der Fall sein soll.

Auch die übrigen Bestimmungen des preußischen Strafgesetzbuches, namentlich § 150 und § 340 al. 9, sind in einer Weise auf das norddeutsche Strafrecht übernommen worden, welche der Berliner Sittenpolizei ihre Geschäfte in ähnlicher Ausdehnung wie bisher fortzuführen erlaubt. Nun wäre freilich eine den Berliner Verhältnissen mehr angepaßte Bestimmung gegen die Kuppelei erwünscht gewesen, deren Ausübung schon durch die freieren Bestimmungen über Zimmervermiethen, welche das Gesetz vom 22. Juni 1861 mit sich brachte, sehr erleichtert würde. Wenn die Behörde vom polizeilichen Standpunkte aus eben noch staatliche Maßregeln zur Beschränkung der Prostitution empfehlen könnte, so würden dies außer einer strengeren Ordnung über das Gewerbe des Chambregarnievermiethens sein:

1) Beschäftigung der Detenirten;
2) Sofortige richterliche Verurtheilung der zweimal detenirten;
3) Bestrafung lüderlicher Eltern;
4) Schließung der Tanzlokale um 12 Uhr;
5) Beförderung der Louis nach dem Arbeitshause;
6) Straflosigkeit der gegen Kuppler Zeugniß ablegenden Frauenzimmer;
7) Ausweisung per Schub fremder Prostituirten;
8) Bestrafung für das Beherbergen solcher Mädchen.

Die gegenwärtige von unserer Gesellschaft geschaffene Form der Prostitution, welche aus der Straße des Nachts einen Markt macht, schließt nicht aus, daß anständigen Frauen beleidigende Begegnungen werden können. Preußische Gerichte haben aber in betreffenden Fällen sogar wegen Mißhandlung bestraft.

Unter dem 28. December 1864 hat der oberste Gerichtshof von Oesterreich eine Verurtheilung zu dreitägigem Arrest gegen einen Mann ausgesprochen, der einer anständigen Bürgersfrau seine Begleitung auf der Straße angetragen hatte. Im betr. Erkenntniß ist das Anerbieten von Begleitung gegenüber einer dem Antragsteller unbekannten Frau als Beleidigung qualificirt.

Schutz des Anstandes, Wegräumung der äußerlichen Vorschubleistungen für Prostitution und sanitätliche Prophylaxie, das sind die Pflichten des Staats in dieser Beziehung. Die Initiative der öffentlichen Gewalt kann hier nicht mehr leisten, als verhindern, daß das Uebel der Gesellschaft über den Kopf wachse. Das freilich auch nur langsam wirkende Radicalmittel steht allein bei der Gesellschaft selber.

## 9. Aufgabe der Gesellschaft gegenüber der Prostitution.

Nur zwei Wege giebt es, durch welche die Prostitution **unter** dem Niveau der herrschenden Moralzustände gehalten werden kann:

1) Es muß für das Wohl der ärmeren weiblichen Bevölkerung in möglichst ausgedehnter Weise Sorge getragen werden;
2) muß gegen die Beförderer der Prostitution nicht nur mit allen gesetzlichen Mitteln, sondern auch durch die Thätigkeit der Privatkreise, welche sich durch die Prostitution unangenehm berührt fühlen, eingeschritten werden.

In ersterer Beziehung ist die Berliner Commune öffentlich und privatim nach Kräften thätig, aber noch viele Desiderien bleiben bis jetzt unerledigt.

Im Jahre 1862 wurde von der Berliner Gemeindeverwaltung die Errichtung von Badeanstalten für die weibliche arbeitende Klasse beschlossen.

*) Norddeutsches Strafgesetz § 361.

Die Einrichtung eines städtischen Krankenhauses für Syphilitische hat bis jetzt noch immer auf sich warten lassen. Und doch ist eine solche Anstalt dringend wünschenswerth. Erst in derselben wäre es möglich, die Kranken nach ihrer sittlichen Kategorie zu trennen, so daß z. B. nicht die von ihrem Ehemann inficirte unschuldige Frau mit der Straßendirne in Ein Zimmer gelegt werden darf.

Die Errichtung eines Findelhauses wurde im Jahre 1863 von der Polizeibehörde aus dem Grunde empfohlen, weil jährlich im Durchschnitt zwanzig Prostituirte gebären. Dieselben fristen ihr und ihrer Kinder Leben nach der Entbindung nur durch verstärkte Prostitution weiter.

Wie gesagt, ein großes Gebiet ist hier der durch die Prostitution und das gleichen Schritt mit derselben haltende Louiswesen belästigten Gesellschaft zur Selbsthülfe eröffnet. So handelt es sich vor allem auch für die Prostitution um durchgreifende Ausführung des vom Stadtrath Zelle gethanen Vorschlages auf Aenderung unserer Vormundschaftsverhältnisse durch Selbsthülfe.

Von Jahr zu Jahr mehren sich die Fälle, welche eine Reform des „Pflichtvormundschaftswesens" als dringend nothwendig erscheinen lassen. So lang dieses Institut in bisheriger Weise fortbesteht, wird für die sittliche Erziehung der weiblichen Waisen nichts oder nur negative Resultate erreicht. Gewöhnlich werden zu Vormündern über mittellose Personen Männer des niederen Bürgerstandes ernannt und verpflichtet wie Schneider, Schuhmacher, Drehorgelspieler, die schon für sich und ihre eigene Familie Sorge in Fülle haben. Für die Vormünder ist diese Pflicht eine Last oder eine Strafe, für die Bevormundeten ist sie schädlich.

Von den Frauenzimmern, welche im Jahre 1861 der Controlirtenliste zutraten, haben über 70 pCt. unter Pflichtvormundschaft gestanden. Es scheint wirklich, als trüge diese Institution ut lucus a non lucendo ihren Namen, weil man bei ihr seine Pflichten nicht erfüllt.

Die Mittel um den Zuständen der Residenz gerade in dieser Beziehung verbessernd nachzuhelfen, sind in der eingehenden Schrift des Stadtraths Zelle näher entwickelt worden, und können wir uns hier also mit einer Hinweisung begnügen.*)

Nirgends mehr als da, wo die Prostitution in Frage kommt, ist das Publikum geneigt, die Consequenzen des von ihm doch sonst behaupteten strengen Rechtsstandpunktes zu übersehen. Die englischen Zustände werden uns so oft als Muster vorgeführt, aber dort werden durch Tausende von Vereinen gegen alle möglichen geistigen und leiblichen Gebrechen des Menschen die starren Rechtsformen ergänzt oder gemildert. In Betreff der Prostitution schweigt jedoch bei uns die Privatwohlthätigkeit bis jetzt durchaus; von officieller und individueller Seite ist mehr als ein Vorschlag zur Errichtung von Anstalten für das Wohl der ärmeren weiblichen Classe gemacht worden, des Geldpunktes halber ist bisher jedoch keiner dieser Vorschläge in Ausführung gekommen.

Dagegen sind die Bestrebungen zu besserer Verwerthung der Frauenarbeit hier rühmend zu erwähnen.

Gelingt es dem weiblichen Geschlecht neue Arbeitsquellen zu eröffnen, in welche der Eintritt auch für Mädchen von zweifelhafter Vergangenheit nicht ausgeschlossen ist, so werden sich die viel beklagten Mißstände des socialen Deficits ohne Frage bessern. Wirthschaftliche Noth ist, wie wir wissen, bloß Eine von den vielen Ursachen, denen die Prostitution ihr Werden und ihren Umfang verdankt, dagegen werden die meisten Mädchen, die willig in die Prostitution eintreten, nur deßhalb in dieser gefährlichen Classe zurückgehalten, weil sie auch trotz des eifrigsten Bestrebens, sich zu bessern keine Arbeit finden können; so heißt es selbst in dem verworfenen Buche von de Sade, Memoires de Saturnin, Rome 1777 pag. 317, daß die Prostituirten sich in einem Berufe befinden, „den die Vernunft verurtheilt, ihr Herz verabscheut, den aber die Noth für sie zu einem zwingenden macht." Die Staatsgewalt weist die Prostitutionsverdächtigen, sowie auch zum Theil die Controlirten

*) Zelle, Reform der Vormundschaftsgesetzgebung. Berlin 1870. Lüderitz.

durch Verwarnungen darauf hin, sich einen anständigen Erwerb zu suchen, die Gesellschaft hat die Pflicht, sie denselben finden zu lassen.

Eine nachahmenswerthe Institution ist jedenfalls die vom Kloster St. Michel in Paris schon seit langer Zeit getroffene Einrichtung,*) nach welcher Prostituirte auch nur vorübergehend je nach Belieben mit nützlichen Arbeiten beschäftigt werden, um sie an wirthschaftliche Thätigkeit allmählich wieder zu gewöhnen. Derartigen freien Beschäftigungsanstalten haben sich Gesindeherbergen, Heimstätten für alleinstehende Fabrikarbeiterinnen nach dem glänzenden New-Yorker Vorbild und Vereine zur Ermahnung, Belehrung, Unterstützung verlassener oder schutzloser Frauen anzuschließen.

Eine nicht unbeträchtliche Anzahl der letzteren, oft mit Kindern gesegnet, stellt sich jährlich zur sittenpolizeilichen Controle, weil ihnen keine andere Auskunft bleibt als die — Prostitution. Doch ist die Zahl der Fälle, wo unglückliches Familienleben die Prostitution veranlaßt, bei weitem nicht so groß — denn die deutsche Familie bleibt verhältnißmäßig doch immer die bestgepflegte — als die Summe der Verhältnisse, in denen die Mädchen kein Familienleben haben.

Theilen wir die Prostituirten in der natürlichsten Weise ein nach Altersklassen, so würden folgende Mittel der Prostitution vorzubeugen oder ihr ihre Opfer wieder zu entreißen unter Umstäuden geeignet sein:

1) für die Mädchen im Alter bis zu 20 Jahren eine Reform des Vormundschaftswesens.

2) bis zu 25 Jahren eine freie Beschäftigungsanstalt für Arbeiterimen allerart.

3) bis zu 30 Jahren Gesindeherbergen, Unterkunftshäuser.

4) bis zu 35 Jahren Frauenvereine zur Ermahnung und Unterstützung.

In jeder dieser Altersklassen ist es vorzugsweise der Mangel an der durch solche Reformen der Gesellschaft zu bietenden Befriedigung eines von weiblichen Individuen im bezüglichen Alter gefühlten Bedürfnisses, der die Prostitution bedingt und erhält. Und vermindern wir die Prostitution, so vermindern wir auch die andern gefährlichen Classen, indem wir Hehlern und Gaunern ihre Abnehmer und ihre Vertrauten entreißen.

Machiavelli rief seinen Italienern zu, die Barbaren zu vertreiben; für uns Deutsche gilt seit lange die Mahnung, die Barbarei zu vertreiben, und nicht der kleinste Theil der noch in Deutschland wurzelnden Barbarei ist die von 1852—1870 ungescheut nach Deutschland als modemäßig aus Westen her importirte sittliche Rohheit.

Das Hauptmittel, welches zu einer Verminderung der Prostitution beitragen kann, ist kein anderes, als daß nach einer Versittlichung vor allem auch des männlichen Geschlechtes aller Altersklassen, nicht blos der Jugend, gestrebt werde. Verringert sich die Nachfrage um Prostituirte, so tritt auch das Angebot zurück. Kein Prostituirender — keine Prostituirte.

Hoffen wir mit Zuversicht, daß die großen Wirkungen des bedeutsamen Jahres 1870 in ihrer noch ungeahnten Tragweite Veranlassung geben, den Giftstrom endlich gründlich zu desinficiren, welcher während der letzten 18 Jahre von Paris aus in Form von Romanen, Theaterstücken, Liedern, Tänzen, feenhaften Gärten und Tempeln der frivolsten Sinnlichkeit seinen Einzug bei uns gehalten hat, und theils unter der Form von krankhafter Sentimentalität oder moderner Romantik das Lorettenthum verklärt, das Laster verherrlicht, theils mit Chanson und Cancan es in sinnlich aufregender Scheußlichkeit zur Scheidemünze des geselligen Verkehrs und der Unterhaltung gemacht hat!

*) Potton: De la prostitution. Lyon 1842, p. 241.

Verlag von I. Guttentag (A. Guttentag) in Berlin.

Wilhelm Gronau's Buchdruckerei in Berlin.

Kolibri 360 GmbH
Ferdinand-Jühlke-Straße 7
99095 Erfurt, Deutschland
produktsicherheit@kolibri360.de